# CONOCE TODO SOBRE CONTABILIDAD BÁSICA

# CONOCE TODO SOBRE CONTABILIDAD BÁSICA

*Joan Pallerola Comamala*

**STARBOOK**

Conoce todo sobre contabilidad básica
© Joan Pallerola Comamala
© De la edición StarBook 2011
© De la edición: ABG Colecciones 2020

Editado por:

StarBook Editorial
Madrid, España

Colección American Book Group - Negocios y Empresa - Volumen 10.
ISBN No. 978-168-165-776-9
Biblioteca del Congreso de los Estados Unidos de América: Número de control 2019935282
www.americanbookgroup.com/publishing.php

Autoedición: Autores
Diseño portada: Antonio García Tomé
Arte: Freepik

*A Núria y a Anna. A Eduard i Gemma.*
*Siempre en mi activo. Y en el suyo.*

# ÍNDICE

# INTRODUCCIÓN

Es muy probable que a los lectores acostumbrados a los libros de contabilidad avanzada les parezca bastante atípico que un libro destinado a los que se inicien en la contabilidad empiece en su primer capítulo explicando el balance y no lo que es un asiento.

Ciertamente hay que explicar el por qué de ello porque no es el camino más habitual en la literatura destinada a explicar los entresijos de la contabilidad a iniciáticos.

Si la premisa es explicar de forma sencilla la contabilidad a personas que saben mas bien poco de la misma, la mejor manera es explicarla partiendo de lo que es la empresa, realidad por otra parte conocida porque se trabaja en una o porque por poco que se miren las noticias en la televisión o se oiga la radio, el mundo de la misma está siempre presente en nuestras vidas en distintos grados.

Por tanto, la consecuencia de estas líneas es muy simple: este libro está dedicado a un amplio espectro de personas, como por ejemplo:

- Estudiantes que se inician en la contabilidad en alguna asignatura del bachillerato, empiezan en la universidad o en alguna escuela profesional y no tienen manera de comprenderla.

- Directivos de empresa que provienen de ramas más técnicas y que quieren entender lo que les explican sus directores financieros. Y que muchas veces no se atreven a decirlo.

- Trabajadores autónomos y pequeños empresarios que con mucho trabajo suben sus empresas y a los que les parece que todo esto de llevar la contabilidad es una pérdida de tiempo, porque lo que ellos saben es trabajar.

- Titulados universitarios que hacen algún master pero que no tienen la suficiente base contable para comprender todas las entretelas de los *business games*.

Y así se podría seguir con esta lista y hacerla más extensa. Con estos pocos puntos muchas personas ya se pueden ver reflejadas.

Si a todo esto le añadimos que desgraciadamente los profesionales dedicados a la contabilidad con demasiada frecuencia no saben explicarla o no saben hacerla comprensiva a los directivos de la empresa con perfiles más técnicos y al resto del personal. Éstos, en una reacción un tanto lógica, acaban por darle la espalda y la asumen sin más por imposición.

El objetivo de este libro es muy simple a la vista de todo lo explicado: partiendo de lo que tiene la empresa y como lo financia, se desmenuza la actividad para comprenderla desde el punto de vista contable. Partiendo del todo y comprendiéndolo será más fácil entender cada una de las partes.

Hay capítulos un poco más extensos porque ha sido inevitable incorporar cierta legislación y otros capítulos más cortos, pero todos ellos tienen algo en común. Al final de todos ellos siempre existe un resumen del mismo, en el que se ha intentado exponer en pocos puntos lo que realmente se ha de haber entendido del mismo; si es así, seguro que todo lo demás se habrá comprendido aunque no se recuerde; para solucionarlo bastará con un simple repaso. Y si el resumen no se entiende, será la señal de que habrá que volver a repasar de nuevo lo explicado en el capítulo.

La contabilidad es una técnica que debe hacernos comprender la realidad de la empresa, como organismo vivo que es. Y como en cualquier otro organismo con vida, lo que es bueno hoy no tiene porque serlo mañana.

Aquí es donde está el talón de Aquiles y sobre el que debemos estar ojo avizor porque de una manera u otra vivimos todos de la empresa. El futuro de todas ellas está en las manos previsoras de sus dirigentes.

# Capítulo 1

# LOS ESTADOS CONTABLES DE UNA EMPRESA
•••••••••••••••••••••••••••••••••••••••••••••••••••••••••••••••••••••••••••••••••••

La fotografía de un momento determinado y en especial, la del momento del cierre del ejercicio de cualquier empresa, se compone de varios documentos. A este conjunto el Plan General Contable lo define como el de las Cuentas Anuales. Éstas comprenden los siguientes estados:

- El balance,
- la cuenta de pérdidas y ganancias,
- el estado de cambios en el patrimonio neto,
- el estado de flujos de efectivo,
- y la memoria.

En la tercera parte del PGC, al hablar de las cuentas anuales, en el punto 1 que trata de los documentos que la integran, éste indica claramente que: "*Las cuentas anuales comprenden el balance, la cuenta de pérdidas y ganancias, el estado de cambios en el patrimonio neto, el estado de flujos de efectivo y la memoria. Estos documentos forman una unidad y deben ser redactados de conformidad con lo previsto en el Código de Comercio, en el Texto Refundido de la Ley de Sociedades Anónimas, en la Ley de Sociedades de Responsabilidad Limitada y en este Plan General de Contabilidad; en particular, sobre la base del Marco Conceptual de la Contabilidad y con la finalidad de mostrar la imagen fiel del patrimonio, de la situación financiera y de los resultados de la empresa. Cuando pueda formularse balance, estado de cambios en el patrimonio neto y memoria en modelo abreviado, el estado de flujos de efectivo no será obligatorio*".

A continuación se van a ver cada uno de estos estados y cual es su finalidad y especialmente qué es lo que quieren y deben explicar.

## 1.1 EL BALANCE

El balance expresa la relación de derechos y obligaciones que tiene la empresa. Cuando se relacionan estos derechos, están todos ellos relacionados y ordenados con un criterio determinado. Esto quiere decir que se deben encontrar los edificios, la maquinaria, o las patentes... y también lo que debe un determinado cliente o la propia Hacienda pública hasta el dinero que se dispone en los bancos y en caja.

Estos derechos, o todo lo que la empresa **tiene o se le debe**, figura en el activo, que será la columna que está a la izquierda del balance.

El criterio con el que se exponen estos datos es el de la realización: de menos a más realización, entendida ésta como la posibilidad de convertir el bien en dinero.

En base a este criterio, se deben encontrar por tanto, primero los bienes menos realizables. Son todos los bienes que necesita la empresa para llevar a cabo su actividad que en contabilidad se denominan con el nombre de inmovilizado. Éste se divide en el inmovilizado intangible, constituido por patentes, concesiones, aplicaciones informáticas, etc... que permiten el desarrollo de la actividad. En un segundo grupo se encuentra el inmovilizado material, que como su nombre indica, el constituido por los edificios y terrenos, maquinaria, instalaciones, etc... En un tercer grupo se encuentran las inversiones inmobiliarias, si las hubiese, y también las inversiones en otras empresas, sean del grupo o no.

Todo este conjunto se denomina activo no corriente.

Continuando con el criterio de la realización, se sigue con los grupos donde se contabiliza lo que tiene la empresa o los derechos que tiene sobre deudas de sus clientes u otros deudores por la marcha del día a día. Por tanto el primer grupo será el constituido por las existencias para pasar a las deudas de clientes una vez aquellas son vendidas y también de otros deudores, para finalizar en los saldos de los bancos y de caja.

Todo este conjunto de derechos constituye el activo corriente.

En base a este criterio, la operativa de la empresa será la producción de bienes y/o servicios en un determinado lugar, comprando para ello unas mercaderías que se venderán a unos clientes y que estos pagarán, yendo a parar a los bancos. Gráficamente, este esquema es el siguiente:

| Criterio: | | |
|---|---|---|
| de menos | | **ACTIVO:** |
| | | **NO CORRIENTE:** |
| | | Inmovilizado intangible |
| | | Inmovilizado material |
| | | Inversiones inmobiliarias |
| **REALIZACIÓN** | | Inversiones en empresas del grupo |
| | | Inversiones financieras a largo plazo |
| | | |
| | | **CORRIENTE:** |
| | | Existencias |
| | | Deudores comerciales |
| | | Inversiones financieras a corto plazo |
| a más | | Tesoreria |

Hasta este momento se han visto los derechos, pero sin duda existen las obligaciones. Y estas obligaciones expresan la forma con que se ha financiado todo lo que tiene la empresa. Todos estos conceptos figuran en el balance en la columna de la derecha, o columna del pasivo.

El PGC establece una división conceptual, introducida en el de 2007, en la primera parte, cuando establece el marco conceptual de la contabilidad, en el punto 4, cuando trata de los elementos del balance:

*"Los elementos que, cuando cumplan los criterios de reconocimiento que se establecen posteriormente, se registran en el balance, son:*

*1. Activos: bienes, derechos y otros recursos controlados económicamente por la empresa, resultantes de sucesos pasados, de los que se espera que la empresa obtenga beneficios o rendimientos económicos en el futuro.*

*2. Pasivos: obligaciones actuales surgidas como consecuencia de sucesos pasados, para cuya extinción la empresa espera desprenderse de recursos que puedan producir beneficios o rendimientos económicos en el futuro. A estos efectos, se entienden incluidas las provisiones.*

*3. Patrimonio neto: constituye la parte residual de los activos de la empresa, una vez deducidos todos sus pasivos. Incluye las aportaciones realizadas, ya sea en el momento de su constitución o en otros posteriores, por sus socios o propietarios, que no tengan la consideración de pasivos, así como los resultados acumulados u otras variaciones que le afecten"*.

Por tanto, en la columna de la derecha se encontrarán dos grandes grupos. El patrimonio neto, constituido por los fondos propios, ajustes por cambios de valor y las subvenciones recibidas. Y el pasivo propiamente dicho, dividido a su vez en pasivo no corriente y corriente.

El criterio, al igual como se ha visto en el activo que era el de la realización, en el pasivo es el de la exigibilidad. Esta exigibilidad irá de menos a más.

La exigibilidad se entenderá siempre por el hecho que se puede pedir a la empresa que haga frente a sus obligaciones, dentro del marco normal de sus actividades. Los fondos propios, a pesar de que en el nuevo PGC no entran dentro del pasivo propiamente dicho, son los menos exigibles, restituibles a los accionistas solamente bajo determinadas condiciones.

Continuando con la exigibilidad, después de los fondos propios, seguiría el pasivo no corriente, que engloba toda la deuda a largo plazo que tiene contraida la empresa. Y para acabar, el pasivo corriente, que serán todas las deudas contraidas por la empresa a las que debe hacer frente en el corto plazo.

El corto plazo, si no se indica nada en contra en la memoria, comprende el periodo de un año. Y el largo plazo el superior a éste. Por este motivo, cualquier deuda que tenga la empresa a más de un año y que se satisfaga periodicamente, como puede ser un préstamo con vencimientos mensuales, habrá que dividirlo en corto y largo plazo y situar correctamente en su sitio cada uno de los importes en la columna del pasivo.

Gráficamente, la representación es la siguiente:

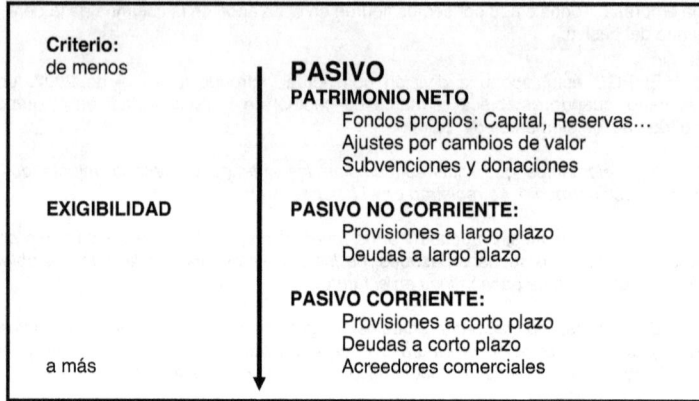

```
┌─────────────────────────────────────────────────────────────────┐
│  Criterio:                                                        │
│  de menos          PASIVO                                         │
│                    PATRIMONIO NETO                                │
│                        Fondos propios: Capital, Reservas...       │
│                        Ajustes por cambios de valor               │
│                        Subvenciones y donaciones                  │
│                                                                   │
│  EXIGIBILIDAD      PASIVO NO CORRIENTE:                           │
│                        Provisiones a largo plazo                  │
│                        Deudas a largo plazo                       │
│                                                                   │
│                    PASIVO CORRIENTE:                              │
│                        Provisiones a corto plazo                  │
│                        Deudas a corto plazo                       │
│  a más                 Acreedores comerciales                     │
└─────────────────────────────────────────────────────────────────┘
```

# 1.1.1 Igualdad entre activo y pasivo

Por todo lo indicado hasta aquí es evidente que el activo deberá ser igual siempre al pasivo: todo lo que dispone la empresa se lo debe a alguien, aunque sea en último término a sus accionistas.

El balance indicará siempre en su activo todo lo que tiene la empresa, bienes y derechos, y en su pasivo la forma como lo ha financiado o lo está financiando.

Esta financiación se puede ver gráficamente en el ejemplo siguiente con el balance, a medida que se van realizando las diferentes actividades, desde su creación hasta la compra del equipamiento para empezar a producir:

### 1- CONSTITUCIÓN DE LA EMPRESA AAA, S.A.:

Se constituye la empresa AAA, S.A. con un capital de 10.000 €, el cual se desembolsa completamente, ingresándolo por parte de los accionistas en el banco de la empresa.

### 2- COMPRA DE MAQUINARIA:

La empresa para poder empezar a trabajar debe comprar maquinaria, que asciende a 1.000 € y que paga al contado.

Pero no tiene suficiente con ésta, debiendo comprar más por valor de 3.000 € que pagará a 30 días.

De la misma manera, compra varios programas informáticos necesarios que ascienden a 300 €, que pagará a 60 días.

**1- Constitución de la empresa**

| ACTIVO: | | PASIVO | |
|---|---|---|---|
| NO CORRIENTE: | | PATRIMONIO NETO | |
| Inmovilizado | | Fondos propios | 10.000,00 |
| Inversiones financieras | | | |
| | | PASIVO NO CORRIENTE: | |
| CORRIENTE: | | Deudas a largo plazo | |
| Existencias | | | |
| Deudores comerciales | | PASIVO CORRIENTE: | |
| Tesoreria | 10.000,00 | Deudas a corto plazo | |
| **TOTAL ACTIVO:** | **10.000,00** | **TOTAL PASIVO:** | **10.000,00** |

**2.1- Compra de maquinaria por valor de 1.000 € con pago al contado**

| ACTIVO: | | PASIVO | |
|---|---|---|---|
| NO CORRIENTE: | | PATRIMONIO NETO | |
| Inmovilizado | 1.000,00 | Fondos propios | 10.000,00 |
| Inversiones financieras | | | |
| | | PASIVO NO CORRIENTE: | |
| CORRIENTE: | | Deudas a largo plazo | |
| Existencias | | | |
| Deudores comerciales | | PASIVO CORRIENTE: | |
| Tesoreria | 9.000,00 | Deudas a corto plazo | |
| **TOTAL ACTIVO:** | **10.000,00** | **TOTAL PASIVO:** | **10.000,00** |

**2.2- Compra de más maquinaria por valor de 3.000 € con pago aplazado**

| ACTIVO: | | PASIVO | |
|---|---|---|---|
| NO CORRIENTE: | | PATRIMONIO NETO | |
| Inmovilizado | 4.000,00 | Fondos propios | 10.000,00 |
| Inversiones financieras | | | |
| | | PASIVO NO CORRIENTE: | |
| CORRIENTE: | | Deudas a largo plazo | |
| Existencias | | | |
| Deudores comerciales | | PASIVO CORRIENTE: | |
| Tesoreria | 9.000,00 | Deudas a corto plazo | 3.000,00 |
| **TOTAL ACTIVO:** | **13.000,00** | **TOTAL PASIVO:** | **13.000,00** |

**2.3- Compra de los programas informáticos por valor de 300 € con pago aplazado**

| ACTIVO: | | PASIVO | |
|---|---|---|---|
| NO CORRIENTE: | | PATRIMONIO NETO | |
| Inmovilizado | 4.300,00 | Fondos propios | 10.000,00 |
| Inversiones financieras | | | |
| | | PASIVO NO CORRIENTE: | |
| CORRIENTE: | | Deudas a largo plazo | |
| Existencias | | | |
| Deudores comerciales | | PASIVO CORRIENTE: | |
| Tesoreria | 9.000,00 | Deudas a corto plazo | 3.300,00 |
| **TOTAL ACTIVO:** | **13.300,00** | **TOTAL PASIVO:** | **13.300,00** |

**2.2- Pago de la maquinaria por valor de 3.000 €a los 30 días**

| ACTIVO: | | PASIVO | |
|---|---|---|---|
| NO CORRIENTE: | | PATRIMONIO NETO | |
| Inmovilizado | 4.300,00 | Fondos propios | 10.000,00 |
| Inversiones financieras | | | |
| | | PASIVO NO CORRIENTE: | |
| CORRIENTE: | | Deudas a largo plazo | |
| Existencias | | | |
| Deudores comerciales | | PASIVO CORRIENTE: | |
| Tesoreria | 6.000,00 | Deudas a corto plazo | 300,00 |
| **TOTAL ACTIVO:** | **10.300,00** | **TOTAL PASIVO:** | **10.300,00** |

**2.3- Pago de los programas informáticos por valor de 300 €a los 60 días**

| ACTIVO: | | PASIVO | |
|---|---|---|---|
| NO CORRIENTE: | | PATRIMONIO NETO | |
| Inmovilizado | 4.300,00 | Fondos propios | 10.000,00 |
| Inversiones financieras | | | |
| | | PASIVO NO CORRIENTE: | |
| CORRIENTE: | | Deudas a largo plazo | |
| Existencias | | | |
| Deudores comerciales | | PASIVO CORRIENTE: | |
| Tesoreria | 5.700,00 | Deudas a corto plazo | 0,00 |
| **TOTAL ACTIVO:** | **10.000,00** | **TOTAL PASIVO:** | **10.000,00** |

## 1.1.2 Análisis de los distintos balances

Se inicia la andadura de la empresa en el balance del cuadro 1 con una tesorería de 10.000 € proporcionada por los socios. La empresa tiene 10.000 €en sus arcas que se han financiado con las aportaciones de los socios. Por tanto, la empresa debe a sus socios, aunque sea en último término, estos 10.000 €que le han dado para su constitución.

De éstos que tiene en el banco, destina 1.000 €a la compra de maquinaria. En el balance del cuadro 2.1, tiene en su activo esta maquinaria y el resto del efectivo. En el pasivo siguen apareciendo los 10.000 € iniciales que son los que financian la maquinaria comprada y lo que hay en el banco.

En el balance del cuadro 2.2 en el activo aparece ya un valor de 13.000 €que es financiado mediante la aportación inicial de los socios y el proveedor mediante el pago aplazado. Aparece una nueva fuente de financiación, además de los socios: los proveedores. La empresa tiene una maquinaria que ya pagará a los 30 días, que es financiada por el suministrador de la misma. De ahí que el pasivo ascienda a 13.000 € porque se financia un activo de 13.000 €.

En el balance del cuadro 2.3 el pasivo se incrementa en 300 €porque la compra de programas informáticos se financia a través del proveedor. Es por ello que en el activo aparece un total de 13.300 € que es lo que se tiene, independientemente de si está financiado o se ha pagado. Es en el pasivo donde se puede ver esta financiación.

Una vez pagados los dos inmovilizados comprados a crédito, en el último balance vuelve el pasivo a su valor inicial de los 10.000 €, con una estructura del activo distinta de la inicial. Estos 10.000 € han financiado los 4.300 € de inmovilizado y los 5.700 € que siguen en el banco.

## 1.1.3 El balance de acuerdo con el PGC

La plantilla que el PGC establece para el balance no abreviado es la siguiente, pudiéndose comprobar el desglose de grupos y las cuentas que componen cada uno. En capítulos siguientes el lector podrá comprender el funcionamiento de los grupos de cuentas:

| | ACTIVO | | | Notas | | |
|---|---|---|---|---|---|---|
| | | | | memoria | 200x | 200x-1 |
| | A) | | ACTIVO NO CORRIENTE | | | |
| | I | | Inmovilizado intangible | | | |
| 201,(2801),(2901) | | 1 | Desarrollo | | | |
| 202,(2802),(2902) | | 2 | Concesiones | | | |
| 203,(2803),(2903) | | 3 | Patentes, licencias, marcas y similares | | | |
| 204 | | 4 | Fondo de comercio | | | |
| 206,(2806),(2906) | | 5 | Aplicaciones informáticas | | | |
| 205,209,(2805), (2905) | | 6 | Otro inmovilizado intangible | | | |
| | II | | Inmovilizado material | | | |
| 210,211,(2811), (2910),(2911) | | 1 | Terrenos y construcciones | | | |
| 212,213,214,215,216 217,218,219, (2812),(2813),(2814), (2815),(2816), (2817),(2818),(2819), (2912),(2913), (2914),(2915),(2916), (2917),(2918), (2919) | | 2 | Instalaciones técnicas y otro inmovilizado material | | | |
| 23 | | 3 | Inmovilizado en curso y anticipos | | | |
| | III | | Inversiones inmobiliarias | | | |
| 220,(2920) | | 1 | Terrenos | | | |
| 221,(282),(2921) | | 2 | Construcciones | | | |
| | IV | | Inversiones en empresas del grupo y asociadas a largo plazo | | | |
| 2400,2403,2404, (2493),(2494),(293) | | 1 | Instrumentos de patrimonio | | | |
| 2423,2424,(2953), (2954) | | 2 | Créditos a empresas | | | |
| 2413,2414,(2943), (2944) | | 3 | Valores representativos de deuda | | | |
| | | 4 | Derivados | | | |

| | | | | | |
|---|---|---|---|---|---|
| | | 5 | Otros activos financieros | | |
| | V | | Inversiones financieras a largo plazo | | |
| 2405,(2495),250, (259) | | 1 | Instrumentos de patrimonio | | |
| 2425,252,253,254, (2955),(298) | | 2 | Créditos a terceros | | |
| 2415,251,(2945), (297) | | 3 | Valores representativos de deuda | | |
| 255 | | 4 | Derivados | | |
| 258,26 | | 5 | Otros activos financieros | | |
| 474 | VI | | Activos por impuesto diferido | | |
| | **B)** | | **ACTIVO CORRIENTE** | | |
| 580,581,582,583, 584,(599) | I | | Activos no corriente mantenidos para la venta | | |
| | II | | Existencias | | |
| 30,(390) | | 1 | Comerciales | | |
| 31,32,(391),(392) | | 2 | Materias primas y otros aprovisionamientos | | |
| 33,34,(393),(394) | | 3 | Productos en curso | | |
| 35,(395) | | 4 | Productos terminados | | |
| 36,(396) | | 5 | Subproductos, residuos y materiales recuperados | | |
| 407 | | 6 | Anticipos a proveedores | | |
| | III | | Deudores comerciales y otras cuentas a cobrar | | |
| 430,431,432,435,436 (437),(490),(4935) | | 1 | Clientes por ventas y prestaciones de servicios | | |
| 433,434,(4933), (4934) | | 2 | Clientes, empresas del grupo, y asociados | | |
| 44,5531,5533 | | 3 | Deudores varios | | |
| 460,544 | | 4 | Personal | | |
| 4709 | | 5 | Activos por impuesto corriente | | |
| 4700,4708,471,472, 473 | | 6 | Otros créditos con las Administraciones públicas | | |
| 5580 | | 7 | Accionistas (socios) por desembolsos exigidos | | |
| | IV | | Inversiones en empresas del grupo y asociadas a corto plazo | | |
| 5303,5304,(5393), (5394),(593) | | 1 | Instrumentos de patrimonio | | |
| 5323,5324,5343, 5344,(5953),(5954) | | 2 | Créditos a empresas | | |
| 5313,5314,5333, 5334,(5943),(5944) | | 3 | Valores representativos de deuda | | |
| | | 4 | Derivados | | |

| | | | | | | |
|---|---|---|---|---|---|---|
| 5353,5354,5523, 5524 | | 5 | Otros activos financieros | | | |
| | V | | Inversiones financieras a corto plazo | | | |
| 5305,540,(5395), (549) | | 1 | Instrumentos de patrimonio | | | |
| 5325,5345,542,543, 547,(5955),(598) | | 2 | Créditos a empresas | | | |
| 5315,5335,541,546, (5945),(597) | | 3 | Valores representativos de deuda | | | |
| 5590,5593 | | 4 | Derivados | | | |
| 5355,545,548,551, 5525,565,566 | | 5 | Otros activos financieros | | | |
| 480,567 | VI | | Periodificaciones a corto plazo | | | |
| | VII | | Efectivo y otros activos líquidos equivalentes | | | |
| 570,571,572,573, 574,575 | | 1 | Tesorería | | | |
| 576 | | 2 | Otros activos líquidos equivalentes | | | |
| | | | | | | |
| | | | **TOTAL ACTIVO (A + B)** | | | |
| | | | | | | |
| | | | | | | |
| | | | **PASIVO** | | | |
| | | | | | | |
| | | | **A) PATRIMONIO NETO** | | | |
| | | | A1) Fondos propios | | | |
| | I | | Capital | | | |
| 100,101,102 | | 1 | Capital escriturado | | | |
| (1030),(1040) | | 2 | (Capital no exigido) | | | |
| 110 | II | | Prima de emisión | | | |
| | III | | Reservas | | | |
| 112,1141 | | 1 | Legal y estatutarias | | | |
| 113,1140,1142, 1143,115,119 | | 2 | Otras reservas | | | |
| (108),(109) | IV | | (Acciones y participaciones en patrimonio propias) | | | |
| | V | | Resultados de ejercicios anteriores | | | |
| 120 | | 1 | Remanente | | | |
| (121) | | 2 | (Resultados negativos de ejercicios anteriores) | | | |
| 118 | VI | | Otras aportaciones de socios | | | |
| 129 | VII | | Resultados del ejercicio | | | |
| (557) | VIII | | (Dividendo a cuenta) | | | |
| 111 | IX | | Otros instrumentos de patrimonio neto | | | |

| | | | | | |
|---|---|---|---|---|---|
| | | A2) Ajustes por cambios de valor | | | |
| 133 | I | Activos financieros disponibles para la venta | | | |
| 1340 | II | Operaciones de cobertura | | | |
| 137 | III | Otros | | | |
| 130,131,132 | | A3) Subvenciones, donaciones y legados recibidos | | | |
| | | **B) PASIVO NO CORRIENTE** | | | |
| | I | Provisiones a largo plazo | | | |
| 140 | | 1 | Obligaciones por prestaciones a largo plazo al personal | | |
| 145 | | 2 | Actuaciones medioambientales | | |
| 146 | | 3 | Provisiones por reestructuración | | |
| 141,142,143,147 | | 4 | Otras provisiones | | |
| | II | Deudas a largo plazo | | | |
| 177,178,179 | | 1 | Obligaciones y otros valores negociables | | |
| 1605,170 | | 2 | Deudas con entidades de crédito | | |
| 1625,174 | | 3 | Acreedores por arrendamiento financiero | | |
| 176 | | 4 | Derivados | | |
| 1615,1635,171,172, 173,175, 180,185,189 | | 5 | Otros pasivos financieros | | |
| 1603,1604,1613, 1614,1623,1624, 1633,1634 | III | Deudas con empresas del grupo y asociadas a largo plazo | | | |
| 479 | IV | Pasivos por impuesto diferido | | | |
| 181 | V | Periodificaciones a largo plazo | | | |
| | | **C) PASIVO CORRIENTE** | | | |
| 585,586,587,588,589 | I | Pasivos vinculados con activos no corrientes mantenidos para la venta | | | |
| 499,529 | II | Provisiones a corto plazo | | | |
| | III | Deudas a corto plazo | | | |
| 500,501,505,506 | | 1 | Obligaciones y otros valores negociables | | |
| 5105,520,527 | | 2 | Deudas con entidades de crédito | | |
| 5125,524 | | 3 | Acreedores por arrendamiento financiero | | |
| 5595,5598 | | 4 | Derivados | | |

| | | | | | |
|---|---|---|---|---|---|
| (1034),(1044),(190), (192),194,509, 5115,5135,5145,521, 522,523,525, 526,528,551,5525, 5530,5532,555, 5565,5566,560, 561,569 | | 5 | Otros pasivos financieros | | |
| 5103,5104,5113, 5114,5123,5124, 5133,5134,5143, 5144,5523,5524, 5563,5564 | IV | | Deudas con empresas del grupo y asociadas a corto plazo | | |
| | V | | Acreedores comerciales y otras cuentas a pagar | | |
| 400,401,405,(406) | | 1 | Proveedores | | |
| 403,404 | | 2 | Proveedores, empresas del grupo y asociadas | | |
| 41 | | 3 | Acreedores varios | | |
| 465,466 | | 4 | Personal, remuneraciones pendientes de pago | | |
| 4752 | | 5 | Pasivos por impuestos corriente | | |
| 4750,4751,4758,476, 477 | | 6 | Otras deudas con las Administraciones Públicas | | |
| 438 | | 7 | Anticipos de clientes | | |
| 485,568 | VI | | Periodificaciones | | |
| | | | | | |
| | | | **TOTAL PATRIMONIO NETO Y PASIVO  (A + B + C)** | | |
| | | | | | |

# 1.2 GASTOS FRENTE A PAGOS E INGRESOS FRENTE A COBROS

Antes de pasar al análisis de la cuenta de pérdidas y ganancias, habrá que tener bien claro la diferencia existente entre el concepto de gasto frente al de pago y de la misma manera el de ingreso frente al de cobro.

El PGC los define de la manera siguiente en el punto 4 de la parte primera, al tratar del marco conceptual de la contabilidad:

*"4. Ingresos: incrementos en el patrimonio neto de la empresa durante el ejercicio, ya sea en forma de entradas o aumentos en el valor de los activos, o de disminución de los pasivos, siempre que no tengan su origen en aportaciones, monetarias o no, de los socios o propietarios.*

*5. Gastos: decrementos en el patrimonio neto de la empresa durante el ejercicio, ya sea en forma de salidas o disminuciones en el valor de los activos, o de reconocimiento o aumento del valor de los pasivos, siempre que no tengan su origen en distribuciones, monetarias o no, a los socios o propietarios, en su condición de tales. Los ingresos y gastos del ejercicio se imputarán a la cuenta de pérdidas y ganancias y formarán parte del resultado, excepto cuando proceda su imputación directa al patrimonio neto, en cuyo caso se presentarán en el estado de cambios en el patrimonio neto, de acuerdo con lo previsto en la segunda parte de este Plan General de Contabilidad o en una norma que lo desarrolle".*

Ciertamente para el que se inicia en la contabilidad esta definición no le representa una explicación muy clara. Y máxime, cuando en el terreno particular estos conceptos muy frecuentemente se confunden y se utilizan como si fuesen sinónimos.

Se puede definir el concepto de gasto como un decremento del patrimonio y contraponerlo con el concepto de pago para entenderlo mejor, teniendo en cuenta que un concepto no implica el otro: un pago será de forma habitual, la cancelación de una deuda mediante una transacción monetaria, sin excluir otras formas de cancelación de ésta. Un pago será el que se haga de una factura pendiente. O de la cuota de un préstamo. Se producirá un gasto cuando se reciba la factura, independientemente del momento de su pago. O será solo una parte del pago realizado de la cuota de un préstamo, de la parte que corresponde a los intereses. El resto del pago será la devolución de parte del principal que en su momento se percibió. Pero nunca un gasto. Y por descontado podrá haber gastos que no impliquen nunca un pago. Sería el del concepto de amortización contable, o dicho de otra manera, disminuciones en el valor de los activos a causa del paso del tiempo, por ejemplo.

De la misma manera funciona el concepto de ingreso frente al de cobro. Un ingreso será un incremento de patrimonio, independientemente del momento en que se haga su cobro. La emisión de una factura sobre un cliente al que se ha entregado una determinada mercancía será un ingreso, independientemente del momento de su cobro. En este caso, la empresa financiará a dicho cliente hasta el momento de su cobro, destinando recursos a esta tarea. Recursos que pueden ser propios o que tenga que recabar a su vez de terceros.

Por tanto, antes de pasar al análisis de la cuenta de pérdidas y ganancias, habrá que tener muy claro, a la vista de lo que se ha indicado en este punto, que:

- Un gasto no implica que se produzca forzosamente un pago.
- Un pago no es sinónimo de gasto.
- Un ingreso no implica que se produzca forzosamente un cobro.
- Un cobro no es sinónimo de ingreso.

# 1.3 LA CUENTA DE PÉRDIDAS Y GANANCIAS

La cuenta de pérdidas y ganancias va íntimamente ligada al balance, ya que por medio de ésta la empresa sabrá cual ha sido el resultado del ejercicio. En el punto 1.2, al definir el concepto de ingresos y gastos tal como lo contempla el PGC, ya se indicó cómo define su funcionamiento: *"Los ingresos y gastos del ejercicio se imputarán a la cuenta de pérdidas y ganancias y formarán parte del resultado...".*

En la tercera parte del PGC, al tratar de la formulación de las cuentas anuales, se define la cuenta de pérdidas y ganancias de la manera siguiente: *"7.ª Cuenta de pérdidas y ganancias. La cuenta de pérdidas y ganancias recoge el resultado del ejercicio, formado por los ingresos y los gastos del mismo, excepto cuando proceda su imputación directa al patrimonio neto de acuerdo con lo previsto en las normas de registro y valoración".*

La estructura de la cuenta de pérdidas y ganancias se diferencia de la que se ha visto del balance. Partiendo de los ingresos, se van aplicando los distintos gastos contabilizados para ir obteniendo resultados parciales hasta llegar al resultado final. Esta estructura es la siguiente:

| A) | OPERACIONES CONTINUADAS | | |
|---|---|---|---|
| | 1 | | Importe neto de la cifra de negocios |
| | | a) | Ventas |
| | | b) | Prestaciones de servicios |
| | 2 | | Variación de existencias de productos terminados y en curso de fabricación |
| | 3 | | Trabajos realizados por la empresa para su activo |
| | 4 | | Aprovisionamientos |
| | | a) | Consumo de mercaderías |
| | | b) | Consumo de materias primas y otras materias consumibles |
| | | c) | Trabajos realizados por otras empresas |
| | | d) | Deterioro de mercaderías, materias primas y otros aprovisionamientos |
| | 5 | | Otros ingresos de explotación |
| | | a) | Ingresos accesorios y otros de gestión corriente |
| | | b) | Subvenciones de explotación incorporadas al resultado del ejercicio |
| | 6 | | Gastos de personal |
| | | a) | Sueldos, salarios y asimilados |
| | | b) | Cargas sociales |
| | | c) | Provisiones |
| | 7 | | Otros gastos de explotación |
| | | a) | Servicios exteriores |
| | | b) | Tributos |
| | | c) | Pérdidas, deterioro y variación de provisiones por operaciones comerciales |
| | | d) | Otros gastos de gestión corriente |
| | 8 | | Amortización del inmovilizado |
| | 9 | | Imputación de subvenciones de inmovilizado no financiero y otras |
| | 10 | | Excesos de provisiones |
| | 11 | | Deterioro y resultado por enajenaciones del inmovilizado |
| | | a) | Deterioros y pérdidas |
| | | b) | Resultados por enajenaciones y otras |
| | | | |
| A1) | RESULTADO DE EXPLOTACIÓN  (1+2+3+4+5+6+7+8+9+10+11) | | |
| | | | |
| | 12 | | Ingresos financieros |
| | | a) | De participaciones en instrumentos de patrimonio |
| | | b) | De valores negociables y otros instrumentos financieros |
| | 13 | | Gastos financieros |

| | | |
|---|---|---|
| | a) | Por deudas con empresas del grupo y asociadas |
| | b) | Por deudas con terceros |
| | c) | Por actualización de provisiones |
| 14 | | Variación de valor razonable en instrumentos financieros |
| | a) | Cartera de negociación y otros |
| | b) | Imputación al resultado del ejercicio por activos financieros disponibles para la venta |
| 15 | | Diferencias de cambio |
| 16 | | Deterioro y resultado por enajenaciones de instrumentos financieros |
| | a) | Deterioros y pérdidas |
| | b) | Resultados por enajenaciones y otras |
| | | |
| **A2) RESULTADO FINANCIERO  (12+13+14+15+16)** | | |
| | | |
| **A3) RESULTADOS ANTES DE IMPUESTOS   (A1+A2)** | | |
| | | |
| 17 | | Impuesto sobre beneficios |
| | | |
| **A4) RESULTADO DEL EJERCICIO PROCEDENTE DE OPERACIONES CONTINUADAS   (A3 + 17)** | | |
| | | |
| **B) OPERACIONES INTERRUMPIDAS** | | |
| | | |
| 18 | | Resultado del ejercicio procedente de operaciones interrumpidas neto de impuestos |
| | | |
| **A5) RESULTADO DEL EJERCICIO  (A4 + 18)** | | |

Por tanto, lo que se contabilizará en esta cuenta de pérdidas y ganancias serán ingresos y gastos. Nunca cobros y pagos.

A continuación se puede ver la aplicación de todo lo indicado con un ejemplo, continuación del que se ha visto en el punto 1.1.1.

### 3- CONFECCIÓN DE LA NÓMINA Y SU PAGO:

La empresa AAA, S.A. confecciona la nómina de su personal. Asciende a 1.500 €, siendo la parte correspondiente a la S.S. de 300 € y el IRPF 250 €. El neto a ingresar a los distintos empleados es por tanto de 950 €. Se calcula y se abona 3 días después del cálculo.

### 4- FACTURACIÓN:

La empresa AAA, S.A. vende a sus clientes por valor de 2.500 € más IVA del 18%. Cobra a los 30 días.

5- **SE PROCEDE AL CIERRE DEL EJERCICIO**.

3.1- Confección de la nómina

| CUENTA DE PÉRDIDAS Y GANANCIAS | |
|---|---|
| IMPORTE DE LAS VENTAS | |
| APROVISIONAMIENTOS | |
| OTROS INGRESOS | |
| GASTOS DE PERSONAL | 1.500,00 |
| OTROS GASTOS DE EXPLOTACIÓN | |
| AMORTIZACIÓN DEL INMOVILIZADO | |
| DETERIOROS | |
| | |
| **RESULTADO DE LA EXPLOTACIÓN** | **-1.500,00** |
| | |
| INGRESOS FINANCIEROS | |
| GASTOS FINANCIEROS | |
| | |
| **RESULTADO FINANCIERO** | **0,00** |
| | |
| **RESULTADO ANTES DE IMPUESTOS** | **-1.500,00** |

En la confección de la nómina se anota como gasto toda ella en la cuenta de PyG, que incluye la parte que se paga al personal, más los S.S. correspondientes y la parte correspondiente al IRPF que se les descuenta y que se pagará por cuenta de ellos a Hacienda, indistintamente del momento en que se realiza el pago de un concepto u otro.

En el balance se reflejará la deuda en el pasivo por todos los conceptos, apareciendo también el resultado de la cuenta de PyG que haya en el momento del cierre. Como deuda se incluye el importe de la nómina neta a pagar más la deuda a la S.S. y a Hacienda por el concepto de IRPF:

3.1- Deuda a corto plazo por la confección de la nómina

| ACTIVO: | | PASIVO | |
|---|---|---|---|
| **NO CORRIENTE:** | | **PATRIMONIO NETO** | |
| Inmovilizado | 4.300,00 | Fondos propios | 10.000,00 |
| Inversiones financieras | | Pérdidas y ganancias | -1.500,00 |
| | | **PASIVO NO CORRIENTE:** | |
| **CORRIENTE:** | | Deudas a largo plazo | |
| Existencias | | | |
| Deudores comerciales | | **PASIVO CORRIENTE:** | |
| Tesoreria | 5.700,00 | Deudas a corto plazo | 1.500,00 |
| **TOTAL ACTIVO:** | **10.000,00** | **TOTAL PASIVO:** | **10.000,00** |

En el momento del pago de la nómina al personal por un importe de 950 € sólo quedarán dos importes pendientes: la deuda a corto plazo a la S.S. por un importe de 300 € y la de Hacienda a 250 €. El hecho de pagar la nómina hace rebajar el importe del saldo del banco en 950 €, por lo pagado. Nada más, porque el gasto ya se ha contabilizado anteriormente.

3.2- Pago de la nómina al personal

| ACTIVO: | | PASIVO | |
|---|---|---|---|
| NO CORRIENTE: | | PATRIMONIO NETO | |
| Inmovilizado | 4.300,00 | Fondos propios | 10.000,00 |
| Inversiones financieras | | Pérdidas y ganancias | -1.500,00 |
| | | PASIVO NO CORRIENTE: | |
| CORRIENTE: | | Deudas a largo plazo | |
| Existencias | | | |
| Deudores comerciales | | PASIVO CORRIENTE: | |
| Tesoreria | 4.750,00 | Deudas a corto plazo | 550,00 |
| | | | |
| TOTAL ACTIVO: | 9.050,00 | TOTAL PASIVO: | 9.050,00 |

4.1- Facturación a los clientes

| CUENTA DE PÉRDIDAS Y GANANCIAS | |
|---|---|
| IMPORTE DE LAS VENTAS | 2.500,00 |
| APROVISIONAMIENTOS | |
| OTROS INGRESOS | |
| GASTOS DE PERSONAL | 1.500,00 |
| OTROS GASTOS DE EXPLOTACIÓN | |
| AMORTIZACIÓN DEL INMOVILIZADO | |
| DETERIOROS | |
| | |
| RESULTADO DE LA EXPLOTACIÓN | 1.000,00 |
| | |
| INGRESOS FINANCIEROS | |
| GASTOS FINANCIEROS | |
| | |
| RESULTADO FINANCIERO | 0,00 |
| | |
| RESULTADO ANTES DE IMPUESTOS | 1.000,00 |

La facturación a los clientes hace que se contabilice un ingreso en la cuenta de PyG independientemente del momento del cobro. La cuenta de PyG da por tanto un resultado de 1.000 € de beneficio, si bien aún no se ha cobrado la facturación ni tampoco se ha pagado parte de los gastos de la nómina, ya que aún está pendiente de pago la S.S. y el IRPF. El balance quedaría de la manera siguiente:

4.1- Facturación a los clientes

| ACTIVO: | | PASIVO | |
|---|---|---|---|
| NO CORRIENTE: | | PATRIMONIO NETO | |
| Inmovilizado | 4.300,00 | Fondos propios | 10.000,00 |
| Inversiones financieras | | Pérdidas y ganancias | 1.000,00 |
| | | PASIVO NO CORRIENTE: | |
| CORRIENTE: | | Deudas a largo plazo | |
| Existencias | | | |
| Deudores comerciales | 2.950,00 | PASIVO CORRIENTE: | |
| Tesoreria | 4.750,00 | Deudas a corto plazo | 1.000,00 |
| | | | |
| TOTAL ACTIVO: | 12.000,00 | TOTAL PASIVO: | 12.000,00 |

El saldo de clientes lo compone el importe al que asciende la facturación, 2.500 € más el 18% de IVA. Un total de 2.950 € Los 450 € correspondientes al IVA pasan a las deudas a corto plazo hasta el momento del pago a Hacienda.

En el momento del cobro de los clientes sólo se produce un movimiento en el balance por el trasvase de saldo de los deudores comerciales a bancos en el activo:

4.2- Cobro de los clientes

| ACTIVO: | | PASIVO | |
|---|---|---|---|
| NO CORRIENTE: | | PATRIMONIO NETO | |
| Inmovilizado | 4.300,00 | Fondos propios | 10.000,00 |
| Inversiones financieras | | Pérdidas y ganancias | 1.000,00 |
| | | PASIVO NO CORRIENTE: | |
| CORRIENTE: | | Deudas a largo plazo | |
| Existencias | | | |
| Deudores comerciales | 0,00 | PASIVO CORRIENTE: | |
| Tesoreria | 7.700,00 | Deudas a corto plazo | 1.000,00 |
| **TOTAL ACTIVO:** | **12.000,00** | **TOTAL PASIVO:** | **12.000,00** |

El análisis del balance, en el supuesto que se cerrara el ejercicio en este momento, es el siguiente:

- La empresa tiene un inmovilizado y una tesorería financiada por medio de los fondos propios.

- Sin embargo, éstos no son suficientes para lo que asciende el activo ahora, por lo que también se financia la empresa por medio del beneficio generado y las deudas a la S.S. y Hacienda por IVA e IRPF. En el momento que éstas se hagan efectivas, la tesorería descenderá por el importe total pagado, 1.000 €

- Una vez se hayan pagado estas deudas, el pasivo ascenderá a 11.000 €, que será la financiación que dispondrá la empresa gracias a los fondos propios iniciales, más los 1.000 € que ha generado en beneficios que en principio quedan en la empresa.

- Con estos 11.000 € está financiando el inmovilizado inicial y el dinero que está en el banco, que después de pagar a Hacienda quedará con un saldo de 6.700 €

# 1.3.1 La cuenta de PyG de acuerdo con el PGC

Al igual que en el punto 1.1.3 se ha expuesto el esquema del balance no abreviado que determina el PGC, a continuación el lector encontrará el de la cuenta de Pérdidas y Ganancias, con indicación de las cuentas que componen cada apartado:

| | | | | | Notas | | |
|---|---|---|---|---|---|---|---|
| | | | | | Memoria | 200x | 200x -1 |
| **A)** | **OPERACIONES CONTINUADAS** | | | | | | |
| | | 1 | | Importe neto de la cifra de negocios | | | |
| 700,701,702,703,704 (706),(708),(709) | | | a) | Ventas | | | |
| 705 | | | b) | Prestaciones de servicios | | | |
| (6930),71,7930 | | 2 | | Variación de existencias de productos terminados y en curso de fabricación | | | |
| 73 | | 3 | | Trabajos realizados por la empresa para su activo | | | |
| | | 4 | | Aprovisionamientos | | | |
| (600),6060,6080, 6090,610 | | | a) | Consumo de mercaderías | | | |
| (601),(602),6061, 6062,6081,6082, 6091,6092,611,612 | | | b) | Consumo de materias primas y otras materias consumibles | | | |
| (607) | | | c) | Trabajos realizados por otras empresas | | | |
| (6931),(6932),(6933), 7931,7932,7933 | | | d) | Deterioro de mercaderías, materias primas y otros aprovisionamientos | | | |
| | | 5 | | Otros ingresos de explotación | | | |
| 75,778 | | | a) | Ingresos accesorios y otros de gestión corriente | | | |
| 740,747 | | | b) | Subvenciones de explotación incorporadas al resultado del ejercicio | | | |
| | | 6 | | Gastos de personal | | | |
| (640),(641),(6450) | | | a) | Sueldos, salarios y asimilados | | | |
| (642),(643),(649) | | | b) | Cargas sociales | | | |
| (644),(6457),7950, 7957 | | | c) | Provisiones | | | |
| | | 7 | | Otros gastos de explotación | | | |
| (62) | | | a) | Servicios exteriores | | | |
| (631),(634),636,639 | | | b) | Tributos | | | |
| (650),(694),(695), 794,7954 | | | c) | Pérdidas, deterioro y variación de provisiones por operaciones comerciales | | | |
| (651),(659),678 | | | d) | Otros gastos de gestión corriente | | | |
| (68) | | 8 | | Amortización del inmovilizado | | | |
| 746 | | 9 | | Imputación de subvenciones de inmovilizado no financiero y otras | | | |

| | | | | | | |
|---|---|---|---|---|---|---|
| 7951,7952,7955, 7956 | 10 | | Excesos de provisiones | | | |
| | 11 | | Deterioro y resultado por enajenaciones del inmovilizado | | | |
| (690),(691),(692), 790,791,792 | | a) | Deterioros y pérdidas | | | |
| (670),(671),(672), 770,771,772 | | b) | Resultados por enajenaciones y otras | | | |
| | **A1) RESULTADO DE EXPLOTACIÓN (1+2+3+4+5+6+7+8+9+10+11)** | | | | | |
| | 12 | | Ingresos financieros | | | |
| | | a) | De participaciones en instrumentos de patrimonio | | | |
| 7600,7601 | | | a1) | En empresas del grupo y asociadas | | |
| 7602,7603 | | | a2) | En terceros | | |
| | | b) | De valores negociables y otros instrumentos financieros | | | |
| 7610,7611,76200, 76201,76210,76211 | | | b1) | De empresas del grupo y asociadas | | |
| 7612,7613,76202, 76203,76212,76213, 767,769 | | | b2) | De terceros | | |
| | 13 | | Gastos financieros | | | |
| (6610),(6611),(6615), (6616),(6620),(6621), (6640),(6641),(6650), (6651), (6654),(6655) | | a) | Por deudas con empresas del grupo y asociadas | | | |
| (6612),(6613),(6617), (6618),(6622), (6623),(6624),(6642), (6643),(6652), (6653),(6656),(6657), (669) | | b) | Por deudas con terceros | | | |
| (660) | | c) | Por actualización de provisiones | | | |
| | 14 | | Variación de valor razonable en instrumentos financieros | | | |
| (6630),(6631),(6633), 7630,7631,7633 | | a) | Cartera de negociación y otros | | | |
| (6632),7632 | | b) | Imputación al resultado del ejercicio por activos financieros disponibles para la venta | | | |
| (668),768 | 15 | | Diferencias de cambio | | | |
| | 16 | | Deterioro y resultado por enajenaciones de instrumentos financieros | | | |

| (696),(697),(698), (699),796,797,798, 799 | | a) | Deterioros y pérdidas | | | |
|---|---|---|---|---|---|---|
| (666),(667),(673), (675),766,773,775 | | b) | Resultados por enajenaciones y otras | | | |
| | | **A2) RESULTADO FINANCIERO (12+13+14+15+16)** | | | | |
| | | **A3) RESULTADOS ANTES DE IMPUESTOS  (A1+A2)** | | | | |
| (6300),6301,(633), 638 | | 17 | Impuesto sobre beneficios | | | |
| | | **A4) RESULTADO DEL EJERCICIO PROCEDENTE DE OPERACIONES CONTINUADAS  (A3 + 17)** | | | | |
| | | **B) OPERACIONES INTERRUMPIDAS** | | | | |
| | | 18 | Resultado del ejercicio procedente de operaciones interrumpidas neto de impuestos | | | |
| | | **A5) RESULTADO DEL EJERCICIO (A4 + 18)** | | | | |

# 1.4 EL ECPN Y EL EFE

El PGC de 2007 ha introducido dos nuevos estados financieros, el ECPN, o Estado de Cambios del Patrimonio Neto y el EFE, o Estado de Flujos de Efectivo.

En puntos anteriores se ha hecho referencia al balance no abreviado o también a la cuenta de Pérdidas y ganancias no abreviada. El lector puede pensar ciertamente que si existe uno abreviado, en qué ocasiones o por qué motivos se puede o debe aplicar.

Basta con ir al propio PGC para conocer los límites y condiciones para poder acogerse a una formulación u otra. En la tercera parte, cuando se habla de las cuentas anuales y más en concreto, en el punto 1 que trata de las normas de elaboración de éstas, en el apartado 3 y 4 se indica:

"*3.ª Estructura de las cuentas anuales*

*Las cuentas anuales de las sociedades anónimas, incluidas las laborales, de las sociedades de responsabilidad limitada, incluidas las laborales, de las sociedades en comandita por acciones y de las sociedades cooperativas deberán adaptarse al modelo normal. Las sociedades colectivas y comanditarias simples, cuando a la fecha de cierre del ejercicio todos los socios colectivos sean sociedades españolas o extranjeras, también deberán adaptarse al modelo normal.*

*4.ª Cuentas anuales abreviadas*

1. *Las sociedades señaladas en la norma anterior podrán utilizar los modelos de cuentas anuales abreviadas en los siguientes casos:*

a) *Balance, estado de cambios en el patrimonio neto y memoria abreviados: las sociedades en las que a la fecha de cierre del ejercicio concurran, al menos, dos de las circunstancias siguientes:*

– *Que el total de las partidas del activo no supere los dos millones ochocientos cincuenta mil euros. A estos efectos, se entenderá por total activo el total que figura en el modelo del balance.*

– *Que el importe neto de su cifra anual de negocios no supere los cinco millones setecientos mil euros.*

– *Que el número medio de trabajadores empleados durante el ejercicio no sea superior a 50.*

b) *Cuenta de pérdidas y ganancias abreviada: las sociedades en las que a la fecha de cierre del ejercicio concurran, al menos, dos de las circunstancias siguientes:*

– *Que el total de las partidas del activo no supere los once millones cuatrocientos mil euros. A estos efectos, se entenderá por total activo el total que figura en el modelo del balance.*

– *Que el importe neto de su cifra anual de negocios no supere los veintidós millones ochocientos mil euros.*

– *Que el número medio de trabajadores empleados durante el ejercicio no sea superior a 250.*

*Cuando una sociedad, en la fecha de cierre del ejercicio, pase a cumplir dos de las circunstancias antes indicadas o bien cese de cumplirlas, tal situación únicamente producirá efectos en cuanto a lo señalado en este apartado si se repite durante dos ejercicios consecutivos.*

2. *Las empresas con otra forma societaria no mencionadas en la norma anterior, así como los empresarios individuales, estarán obligados a formular, como mínimo, las cuentas anuales abreviadas.*

3. *Las sociedades cuyos valores estén admitidos a negociación en un mercado regulado de cualquier Estado miembro de la Unión Europea, no podrán formular cuentas anuales abreviadas.*

4. *Lo establecido en las normas siguientes para los modelos normales deberá adecuarse a las características propias de los modelos abreviados.*

5. *El contenido de la memoria abreviada que se incluye en la sección relativa a los modelos abreviados de esta tercera parte del Plan General de Contabilidad, tiene carácter de información mínima a cumplimentar por las empresas que puedan utilizarla. Adicionalmente, siempre que dichas empresas realicen operaciones cuya información en memoria esté regulada en el modelo normal de las cuentas anuales y no en el abreviado, habrán de incluir dicha información en la memoria abreviada. Entre estas transacciones pueden mencionarse: coberturas contables e información sobre el medio ambiente, entre otras".*

No hay que olvidar tampoco que en la introducción, en el apartado III, punto 13 se indican las obligaciones en cuanto a la presentación de los modelos normales y abreviados y otros documentos que van emparejados con ellos. También se enumeran en la primera parte, cuando trata del marco conceptual de la contabilidad, en el punto 1, al hablar de las cuentas anuales, la imagen fiel:

*"13. La tercera parte del Plan General de Contabilidad recoge tanto las normas de elaboración de las cuentas anuales, como los modelos, normales y abreviados, de los documentos que conforman las mismas, incluido el contenido de la memoria. El balance, la cuenta de pérdidas y ganancias, el estado de cambios en el patrimonio neto, el estado de flujos de efectivo y la memoria son los documentos que integran las cuentas anuales. El estado de flujos de efectivo no será obligatorio para las empresas que puedan formular balance, estado de cambios en el patrimonio neto y memoria en modelo abreviado. Por tanto, la principal novedad, al margen del mayor desglose informativo que se requiere en las notas de la memoria, viene dada por la incorporación de estos dos nuevos documentos: el estado de cambios en el patrimonio neto y el estado de flujos de efectivo...".*

**"PRIMERA PARTE, MARCO CONCEPTUAL DE LA CONTABILIDAD**

*1.° Cuentas anuales. Imagen fiel*

*Las cuentas anuales de una empresa comprenden el balance, la cuenta de pérdidas y ganancias, el estado de cambios en el patrimonio neto, el estado de flujos de efectivo y la memoria. Estos documentos forman una unidad. No obstante, el estado de flujos de efectivo no será obligatorio para las empresas que puedan formular balance, estado de cambios en el patrimonio neto y memoria abreviados. Las cuentas anuales deben redactarse con claridad, de forma que la información suministrada sea comprensible y útil para los usuarios al tomar sus decisiones económicas, debiendo mostrar la imagen fiel del patrimonio, de la situación financiera y de los resultados de la empresa, de conformidad con las disposiciones legales".*

# 1.4.1 La definición del ECPN según el PGC

El PGC, en la tercera parte, al tratar de las cuentas anuales, en el partado 8 define los contenidos del ECPN:

**"8.ª Estado de cambios en el patrimonio neto**

*El estado de cambios en el patrimonio neto tiene dos partes.*

1. *La primera, denominada 'Estado de ingresos y gastos reconocidos', recoge los cambios en el patrimonio neto derivados de:*

   a) *El resultado del ejercicio de la cuenta de pérdidas y ganancias.*

   b) *Los ingresos y gastos que, según lo requerido por las normas de registro y valoración, deban imputarse directamente al patrimonio neto de la empresa.*

   c) *Las transferencias realizadas a la cuenta de pérdidas y ganancias según lo dispuesto por este Plan General de Contabilidad.*

...

2. La segunda, denominada 'Estado total de cambios en el patrimonio neto', informa de todos los cambios habidos en el patrimonio neto derivados de:

a) El saldo total de los ingresos y gastos reconocidos.

b) Las variaciones originadas en el patrimonio neto por operaciones con los socios o propietarios de la empresa cuando actúen como tales.

c) Las restantes variaciones que se produzcan en el patrimonio neto.

d) También se informará de los ajustes al patrimonio neto debidos a cambios en criterios contables y correcciones de errores.

… ".

# 1.4.2 La definición del EFE según el PGC

Si el ECPN se ha visto como el estado que recoge todos los cambios habidos en el patrimonio neto de acuerdo con unas determinadas normas y formatos, el EFE, o Estado de Flujos de Efectivo, el PGC lo define ya en la introducción, en el apartado III, punto 13:

"También se introduce como novedad el estado de flujos de efectivo, con el fin de mostrar la capacidad de generar efectivo o equivalentes al efectivo así como las necesidades de liquidez de la empresa debidamente ordenadas  en tres categorías: actividades de explotación, inversión y financiación. Sin embargo, la pugna entre los intereses en conflicto que toda nueva exigencia informativa acarrea, transparencia frente a simplificación de las obligaciones contables, aspecto que lógicamente debe apreciarse ponderando esta exigencia con la dimensión de la empresa, se ha resuelto señalando que este documento no será obligatorio para las empresas que puedan formular balance, estado de cambios en el patrimonio neto y memoria en modelo abreviado".

La gran novedad que ha introducido el PGC de 2007 con este estado es el de mostrar la capacidad de generar efectivo en las tres grandes actividades que tiene toda empresa: la de explotación, la de inversión y la de financiación.

Este estado quiere responder a las preguntas que puede hacerse cualquier empresario:

- Si la empresa ha tenido beneficio, ¿dónde está colocado éste si no está en el banco?

- Si la empresa ha invertido en nuevo inmovilizado, ¿le ha sido suficiente la generación de recursos con el beneficio obtenido o ha tenido que recurrir a financiación de terceros?

- ¿Es suficiente la propia generación de recursos frente a un plan de expansión futuro? ¿Habrá que recurrir a la financiación de terceros?

Valga un ejemplo para esclarecer la utilidad de este estado financiero de flujos de efectivo. Se suponen dos empresas que disponen ambas de 1.000 € más que al inicio del ejercicio en su cuenta bancaria. Las dos han realizado inversiones en inmovilizado por valor de 5.000 €. La única diferencia es que mientras una ha tenido 2.000 € de beneficio, la otra ha tenido 6.000 €.

La primera ha tenido que recurrir a un crédito bancario mientras que la segunda ha podido hacer frente a dicha inversión gracias a sus fondos propios. El EFE de cada una de ellas sería:

| | | Empresa A | Empresa B |
|---|---|---|---|
| A) | FLUJO DE EFECTIVO DE LAS ACTIVIDADES DE EXPLOTACIÓN | | |
| 1 | Resultado de ejercicio antes de impuestos | 2.000,00 | 6.000,00 |
| 2 | Ajustes del resultado | | |
| 3 | Cambios en el capital corriente | | |
| 4 | Otros flujos de efectivo de las actividades de explotación | | |
| 5 | Flujo de efectivo de las actividades de explotación (±1±2±3±4) | 2.000,00 | 6.000,00 |

| | | | |
|---|---|---|---|
| B) | FLUJO DE EFECTIVO DE LAS ACTIVIDADES DE INVERSIÓN | | |
| 6 | Pago por inversiones (-) | -5.000,00 | -5.000,00 |
| 7 | Cobros por desinversiones (+) | | |
| 8 | Flujo de efectivo de las actividades de inversión (7-6) | -5.000,00 | -5.000,00 |

| | | | |
|---|---|---|---|
| C) | FLUJO DE EFECTIVO DE LAS ACTIVIDADES DE FINANCIACIÓN | | |
| 9 | Cobros y pagos por instrumentos de patrimonio | | |
| 10 | Cobros y pagos por instrumentos de pasivo financiero | 4.000,00 | 0,00 |
| 11 | Pagos por dividendos y remuneraciones de otros instrumentos de patrimonio | | |
| 12 | Flujo de efectivo de las actividades de financiación (±9±10-11) | 4.000,00 | 0,00 |

| | | | |
|---|---|---|---|
| D) | EFECTO DE LAS VARIACIONES DE LOS TIPOS DE CAMBIO | 0,00 | 0,00 |

| | | | |
|---|---|---|---|
| E) | AUMENTO/DISMINUCIÓN NETA DEL EFECTIVO O EQUIVALENTES  (±5±8±12±D | 1.000,00 | 1.000,00 |

| | | |
|---|---|---|
| Efectivo o equivalente al inicio de ejercicio | 10.000,00 | 10.000,00 |
| Efectivo o equivalente al final de ejercicio | 11.000,00 | 11.000,00 |
| Incremento/Decremento de Tesorería | 1.000,00 | 1.000,00 |

Mientras que la empresa A, para poder tener 1.000 € más en su cuenta y hacer la inversión en inmovilizado ha tenido que recurrir a financiación de terceros, la B, gracias al beneficio obtenido ha hecho frente a la inversión y además ha incrementado su disponible sin endeudarse con terceros.

# RESUMEN DEL CAPÍTULO:

El balance indica qué recursos tiene la empresa y cómo los financia. El concepto de recursos se debe entender en un sentido amplio, en el que se incluyen bienes, inversiones y participaciones en otras empresas, préstamos dados a terceros, clientes, etc. En las cuentas anuales se indican los saldos del ejercicio actual y del anterior a efectos comparativos.

La financiación de estos recursos aparece en la columna del pasivo, en el que se incluyen desde los recursos propios a las deudas a corto plazo.

La cuenta de pérdidas y ganancias indica el beneficio que ha sido capaz de generar la empresa en un determinado periodo de tiempo. En las cuentas anuales se indican los saldos del ejercicio actual y del anterior a efectos comparativos.

El ECPN, Estado de Cambios del patrimonio neto, indica qué movimientos ha tenido el patrimonio de la empresa en un determinado periodo, comparándolo siempre con dos ejercicios anteriores.

El EFE, o Estado de Flujos de Efectivo, indica la capacidad de la empresa de generar efectivo y a qué actividades se ha destinado, divididas en tres categorias: actividades de explotación, inversión y financiación. En las cuentas anuales se indican los saldos del ejercicio actual y del anterior a efectos comparativos.

La memoria completa, amplía y comenta la información contenida en los otros documentos que integran las cuentas anuales.

La contabilidad, por medio de los diferentes documentos que genera, debe ayudar a la correcta toma de decisiones de los que dirigen la empresa.

# Capítulo 2

# EL PLAN GENERAL CONTABLE

La Unión Europea inició hace ya unos años el proceso de armonización contable con la Cuarta Directiva de 1978 sobre las cuentas anuales y la Séptima Directiva de 1983 dedicada a las cuentas consolidadas. España se añadió al proceso armonizador en 1989 con la reforma del Código de Comercio y de la Ley de Sociedades Anónimas. También habría que incluir en este proceso el Plan General de Contabilidad de 1990 y las Normas para la Formulación de Cuentas Anuales Consolidadas de 1991.

El último paso dado por nuestro país fue la aprobación de la Ley 16/2007 de 4 de julio, de Reforma y adaptación de la legislación mercantil en materia contable para su armonización internacional con base en la normativa de la Unión Europea y su consecuencia más visible, el cambio de plan contable. De ahí que el Gobierno aprobara el 16 de noviembre de 2007, con los Reales Decretos 1514/2007 y 1515/2007 de forma simultánea el Plan General de Contabilidad y como norma complementaria de éste, el Plan General de Contabilidad de Pequeñas y Medianas Empresas.

## 2.1 ¿QUÉ ES EL PGC?

Antes de continuar, habrá que entender el por qué de la existencia del Plan General de Contabilidad, qué objetivos son los que pretende y a quién obliga.

El propio PGC se define a sí mismo dentro del apartado del marco conceptual como el conjunto de fundamentos, principios y conceptos básicos cuyo objetivo es dar la imagen fiel del patrimonio, de la situación financiera y de los resultados.

Por tanto su existencia está bien clara y dirigida a un objetivo claro: dar la imagen más fiel posible de la situación en que se encuentra el patrimonio de la empresa, de cuál es su situación financiera y cómo se han generado los resultados. Dirigido todo ello a los propios directivos de la empresa, a sus accionistas y a cualquier persona que quiera conocer la marcha de la empresa a través de los canales legales existentes.

## 2.2 OBLIGATORIEDAD Y ÁMBITO DE APLICACIÓN

El artículo 2 del Real Decreto 1514/2007 con el que se aprueba el Plan General Contable indica claramente que **será de aplicación obligatoria para todas las empresas**, cualquiera que sea su forma jurídica, individual o societaria, sin perjuicio de aquellas empresas que puedan aplicar el Plan General de Contabilidad de Pequeñas y Medianas Empresas.

Por tanto, para todas aquellas empresas que no puedan acogerse a la aplicación del Plan General de Contabilidad de PYMES o no quieran, será de aplicación el Plan General de Contabilidad, siendo siempre éste el subsidiario en lo que aquél no indique.

Habrá que ir al artículo 2 del Real Decreto 1515/2007 de aprobación del Plan General Contable para PYMES para analizar las condiciones que deben cumplir las empresas para su aplicación. En el caso de que no se cumplan, como ya se ha indicado, será de aplicación el Plan General de Contabilidad.

**Ámbito del PGC de PYMES**:  Todas aquellas empresas, cualquiera que sea su forma jurídica, individual o societaria, que durante dos años consecutivos reúnan a la fecha de cierre dos de las tres condiciones siguientes:

- Partidas del activo no superiores a 2,850 millones de euros.
- Importe neto de su cifra de negocios no superior a  5,700 millones de euros.
- Número medio de trabajadores no superior a 50.

**Plazo de aplicación**: Perderán la facultad de aplicar este plan si durante dos ejercicios consecutivos no cumplen dos de las condiciones expuestas.

**Aplicación en caso de constitución o transformación**: las empresas lo podrán aplicar si a la fecha del cierre del ejercicio de su constitución o transformación cumplen dos de las tres condiciones expuestas.

**Grupo**: Si la empresa formase parte de un grupo tal como está expuesto en la norma 11 del propio plan de las PYMES, para tener en cuenta la cuantificación se deberá analizar la suma de las distintas magnitudes de todas las empresas que forman el grupo.

**Exclusión del PGC de PYMES**: en ningún caso podrán aplicar el plan general contable adaptado a las PYMES, las empresas que cumplan las condiciones siguientes:

- Si han emitido valores admitidos a negociación en mercados regulados en cualquier estado de la UE.
- Que forme parte de un grupo que deba formular cuentas anuales consolidadas
- Que la moneda funcional sea distinta del euro.
- Que se trate de entidades financieras que capten fondos del público asumiendo obligaciones respecto a estos y las que los gestionen.

**Forma**: Las empresas que opten por este plan adaptado a las PYMES lo deberán hacer de forma completa. Si realizan alguna operación no contemplada en éste, de forma subsidiaria deberán aplicar la norma contenida en el Plan General de Contabilidad. Una vez realizada la opción y mientras se cumplan las condiciones anteriormente expuestas, la empresa deberá mantenerse de forma continuada durante tres ejercicios en la observancia de dicho plan.

**Otras actividades**: Las entidades que realicen actividades no mercantiles que estén obligadas a aplicar alguna adaptación del PGC, podrán optar a aplicar los contenidos del Plan General Contable de PYMES.

## 2.3 ESTRUCTURA

La estructura mediante la que se vertebra tanto el Plan General de Contabilidad como el Plan General de Contabilidad de PYMES es en esencia la misma. Sin embargo, varían sus contenidos. En este último se han reducido los contenidos de las operaciones que dichas empresas no mantienen o realizan con menor habitualidad.

Las partes en las que se divide uno y otro, son:

- Marco conceptual de la contabilidad.
- Normas de registro y valoración.
- Cuentas anuales.
- Cuadro de cuentas.
- Definiciones y relaciones contables.

## 2.3.1 El marco conceptual de la contabilidad

**El marco conceptual de la contabilidad** es el conjunto de fundamentos, principios y conceptos básicos cuyo objetivo es dar la imagen fiel del patrimonio, de la situación financiera y de los resultados. Es por ello que en el Plan General Contable como en el Plan General Contable de PYMES se enuncian los mismos principios: empresa en funcionamiento, devengo, uniformidad, prudencia, no compensación e importancia relativa.

De la misma manera, las cuentas anuales de las PYMES contienen también los mismos elementos que los indicados en el Plan General: activo, pasivo, patrimonio neto, ingresos y gastos, que quedan definidos en los mismos términos. No obstante su incorporación en el balance, en la cuenta de pérdidas y ganancias y en el estado de cambios en el patrimonio neto, el Plan para PYMES establece algunas particularidades en los criterios de reconocimiento y valoración para facilitar su comprensión y aplicación.

Los principios que determina el Plan General Contable, de obligado cumplimiento, y que los repite el Plan General de PYMES son:

**Empresa en funcionamiento**: se considerará, salvo prueba en contrario, que la gestión de la empresa continuará en un futuro previsible, por lo que la aplicación de los principios y criterios contables no tiene el propósito de determinar el valor del patrimonio neto a efecto de transmisión global o parcial, ni el importe resultante en caso de liquidación. En aquellos casos en que no resulte de aplicación este principio, en los términos que se determinen en las normas de desarrollo del Plan General de Contabilidad, la empresa aplicará las normas de valoración que resulten más adecuadas para reflejar la imagen fiel de las operaciones tendentes a realizar el activo, cancelar las deudas y, en su caso, repartir el patrimonio neto resultante, debiendo suministrar en la memoria de las cuentas anuales toda la información significativa sobre los criterios aplicados.

**Devengo**: los efectos de las transacciones o hechos económicos se registrarán cuando ocurran, imputándose al ejercicio al que las cuentas anuales se refieran, los gastos y los ingresos que afecten al mismo, con independencia de la fecha de su pago o de su cobro.

**Uniformidad**: adoptado un criterio dentro de las alternativas que, en su caso, se permitan, deberá mantenerse en el tiempo y aplicarse de manera uniforme para transacciones, otros eventos y condiciones que sean similares, en tanto no se alteren los supuestos que motivaron su elección. De alterarse estos supuestos podrá modificarse el criterio adoptado en su día; en tal caso, estas circunstancias se harán constar en la memoria, indicando la incidencia cuantitativa y cualitativa de la variación sobre las cuentas anuales.

**Prudencia**: se deberá ser prudente en las estimaciones y valoraciones a realizar en condiciones de incertidumbre. La prudencia no justifica que la valoración de los elementos patrimoniales no responda a la imagen fiel que deben reflejar las cuentas anuales.

**No compensación**: salvo que una norma disponga de forma expresa lo contrario, no podrán compensarse las partidas de activo y del pasivo o las de gastos e ingresos, y se valorarán separadamente los elementos integrantes de las cuentas anuales.

**Importancia relativa**: se admitirá la no aplicación estricta de algunos de los principios y criterios contables cuando la importancia relativa en términos cuantitativos o cualitativos de la variación que tal hecho produzca sea escasamente significativa y, en consecuencia, no altere la expresión de la imagen fiel. Las partidas o importes cuya importancia relativa sea escasamente significativa podrán aparecer agrupados con otros de similar naturaleza o función.

En el PGC no se define el concepto de imagen fiel. Sin embargo se indica que cuando se considere que el cumplimiento de los requisitos, principios y criterios contables incluidos en este PGC no sea suficiente para mostrar la imagen fiel, se suministrarán en la memoria las informaciones complementarias precisas para alcanzar este objetivo.

Por tanto, se considera que el objetivo de las cuentas es mostrar la imagen fiel. También indica el PGC que en aquellos casos excepcionales en los que dicho cumplimiento fuera incompatible con la imagen fiel que deben proporcionar las cuentas anuales, se considerará improcedente dicha aplicación. En tales casos, en la memoria se motivará suficientemente esta circunstancia, y se explicará su influencia sobre el patrimonio, los resultados y la situación financiera de la empresa.

Dentro del marco conceptual de la contabilidad el propio Plan General Contable además de los principios contables indica claramente cuáles son los elementos de las cuentas anuales, repitiendo la definición que ya dió la ley 16/2007 en el artículo primero, al modificar el artículo 36 del Código de Comercio:

| | |
|---|---|
| **ACTIVO** | Bienes, derechos y otros recursos controlados económicamente por la empresa como resultado de sucesos pasados, del cual se espera obtener beneficios económicos en el futuro. |
| **PASIVO** | Obligaciones actuales de la empresa, surgidas a raíz de sucesos pasados, al vencimiento de las cuales y para cancelarlas, la empresa espera desprenderse de recursos que puedan producir beneficios económicos. |
| **PATRIMONIO NETO** | Parte residual de los activos de la empresa una vez deducidos todos sus pasivos. |
| **GASTOS** | Decrementos en el patrimonio neto producidos a lo largo del ejercicio, en forma de salidas o disminuciones del valor de los activos, o bien del reconocimiento o aumento de los pasivos y que no estén relacionados con las distribuciones realizadas a los propietarios o socios. |
| **INGRESOS** | Incrementos en el patrimonio neto producidos a lo largo del ejercicio, en forma de entradas o incrementos de valor de los activos, o bien como decremento de las obligaciones, y que no estén relacionados con las aportaciones de los propietarios o socios. |

Los ingresos y gastos del ejercicio se imputarán a la cuenta de Pérdidas y Ganancias y formarán parte del resultado, excepto cuando proceda su imputación directa al patrimonio neto. En este caso deberán presentarse en el ECPN.

Los criterios de registro o reconocimiento contable de los elementos de las cuentas anuales son los siguientes, en el bien entendido que es el proceso de incorporación al balance, a la cuenta de pérdidas y ganancias o Estado de Cambio del Patrimonio Neto:

Los **activos** deben reconocerse en el balance cuando sea probable la obtención a partir de los mismos de beneficios o rendimientos económicos para la empresa en el futuro y siempre que se puedan valorar con fiabilidad. El reconocimiento contable de un activo implica también el reconocimiento de un pasivo, la disminución de otro activo o el reconocimiento de un ingreso u otros incrementos en el patrimonio neto.

Los **pasivos** deben reconocerse en el balance cuando sea probable que a su vencimiento y para liquidar la obligación, deban entregarse o cederse recursos que incorporen beneficios o rendimientos económicos para la empresa en el futuro y siempre que se puedan valorar con fiabilidad. El reconocimiento contable de un pasivo implica también el reconocimiento de un activo, la disminución de otro pasivo o el reconocimiento de un gasto u otros decrementos en el patrimonio neto.

El reconocimiento de un **ingreso** tiene lugar como consecuencia de un incremento de los recursos de la empresa y siempre que se pueda determinar su importe con fiabilidad. Conlleva el reconocimiento o incremento de un activo, la desaparición o disminución de un pasivo y en ocasiones, el reconocimiento de un gasto.

El reconocimiento de un **gasto** tiene lugar como consecuencia de una disminución de los recursos de la empresa y siempre que se pueda determinar su importe con fiabilidad. Conlleva el reconocimiento o incremento de un pasivo, la desaparición o disminución de un activo y en ocasiones, el reconocimiento de un ingreso o de una partida de patrimonio neto.

Se registrarán en el periodo a que se refieren las cuentas anuales, los ingresos y gastos devengados en éste, estableciéndose en los casos en que sea pertinente, una correlación entre ambos, que en ningún caso pueden llevar al registro de activos o pasivos que no satisfagan la definición de éstos.

Para acabar con lo establecido en el marco conceptual hay que hacer mención a los criterios de valoración, los cuales se han ampliado en el Plan General de Contabilidad de 2008 respecto al Plan General de 1990:

**Coste histórico o coste**: el coste histórico o coste de un activo es su precio de adquisición o coste de producción. El precio de adquisición es el importe en efectivo y otras partidas equivalentes pagadas, o pendientes de pago, más, en su caso y cuando proceda, el valor razonable de las demás contraprestaciones comprometidas derivadas de la adquisición, debiendo estar todas ellas directamente relacionadas con ésta y ser necesarias para la puesta del activo en condiciones operativas.

El **coste de producción** incluye el precio de adquisición de las materias primas y otras materias consumibles, el de los factores de producción directamente imputables al activo, y la fracción que razonablemente corresponda de los costes de producción indirectamente relacionados con el activo, en la medida en que se refieran al período de producción, construcción o fabricación, se basen en el nivel de utilización de la capacidad normal de trabajo de los medios de producción y sean necesarios para la puesta del activo en condiciones operativas.

El **coste histórico** o coste de un pasivo es el valor que corresponda a la contrapartida recibida a cambio de incurrir en la deuda o, en algunos casos, la cantidad de efectivo y otros activos líquidos equivalentes que se espera entregar para liquidar una deuda en el curso normal del ejercicio.

El **valor razonable** es el importe por el que puede ser adquirido un activo o liquidado un pasivo, entre partes interesadas y debidamente informadas que realicen una transacción en condiciones de independencia mutua. El valor razonable se determinará sin deducir los gastos de transacción en los que pudiera incurrirse en su enajenación. No tendrá en ningún caso el carácter de valor razonable, el que sea resultado de una transacción forzada, urgente o como consecuencia de una situación de liquidación involuntaria.

Con carácter general, el valor razonable se calculará por referencia a un valor fiable de mercado. En este sentido, el precio cotizado en un mercado activo será la mejor referencia del valor razonable, entendiéndose por mercado activo aquél en el que se den las siguientes condiciones:

a) Los bienes o servicios intercambiados en el mercado son homogéneos.

b) Pueden encontrarse en todo momento compradores o vendedores para un determinado bien o servicio.

c) Los precios son conocidos y fácilmente accesibles para el público. Estos precios, además, reflejan transacciones de mercado reales, actuales y producidas con regularidad.

Para aquellos elementos respecto de los cuales no exista un mercado activo, el valor razonable se obtendrá, en su caso, mediante la aplicación de modelos y técnicas de valoración. Entre los modelos y técnicas de valoración se incluye el empleo de referencias a transacciones recientes en condiciones de independencia mutua entre partes interesadas y debidamente informadas, si estuviesen disponibles, así como referencias al valor razonable de otros activos que sean sustancialmente iguales, métodos de descuento de flujos de efectivo futuros estimados y modelos generalmente utilizados para valorar opciones. En cualquier caso, las técnicas de valoración empleadas deberán ser consistentes con las metodologías aceptadas y utilizadas por el mercado para la fijación de precios, debiéndose usar, si existe, la técnica de valoración empleada por el mercado que haya demostrado ser la que obtiene unas estimaciones más realistas de los precios.

Las técnicas de valoración empleadas deberán maximizar el uso de datos observables de mercado y otros factores que los participantes en el mercado considerarían al fijar el precio, limitando en todo lo posible el empleo de consideraciones subjetivas y de datos no observables o contrastables.

El **valor neto realizable** es el valor neto realizable de un activo es el importe que se puede obtener por su enajenación en el mercado, en el curso normal del negocio, deduciendo los costes estimados necesarios para llevarla a cabo, así como, en el caso de las materias primas y de los productos en curso, los costes estimados necesarios para terminar su producción, construcción o fabricación.

El **valor actual** es el importe de los flujos de efectivo a recibir o pagar en el curso normal del negocio, según se trate de un activo o de un pasivo, respectivamente, actualizados a un tipo de descuento adecuado.

El **valor en uso** es el valor actual de los flujos de efectivo futuros esperados, a través de su utilización en el curso normal del negocio, teniendo en cuenta su estado actual y actualizados a un tipo de descuento adecuado, ajustado por los riesgos específicos del activo que no hayan ajustado las estimaciones de flujos de efectivo futuros. Las proyecciones de flujos de efectivo se basarán en hipótesis razonables y fundamentadas; normalmente la cuantificación o la distribución de los flujos de efectivo está sometida a incertidumbre, debiéndose considerar ésta asignando probabilidades a las distintas estimaciones de flujos de efectivo. En cualquier caso, esas estimaciones deberán tener en cuenta cualquier otra asunción que los participantes en el mercado considerarían, tal como el grado de liquidez inherente al activo valorado.

El propio plan contable amplia este apartado con otras definiciones como coste de venta y coste amortizado y costes de transacción que ayudan a la clarificación y uniformidad de estos conceptos.

## 2.3.2 Las normas de registro y valoración

**Las normas de registro y valoración** desarrollan los principios contables y otras disposiciones relativas al Marco Conceptual de la Contabilidad y que son de aplicación obligatoria. Incluyen por tanto, criterios y reglas aplicables a distintas transacciones o hechos económicos.

Las normas de registro y valoración contenidas en el Plan General de PYMES respecto a las contenidas en el Plan General de Contabilidad se han particularizado a las actividades de estas empresas. Es en esta parte donde se han realizado las simplificaciones del Plan General para PYMES, ya que se han eliminado las normas que hacen mención a:

- Fondo de comercio.
- Activos no corrientes y grupos enajenables de elementos mantenidos para la venta.
- Instrumentos financieros compuestos.
- Derivados que tengan como subyacente inversiones en instrumentos de patrimonio no cotizados cuyo valor razonable no pueda ser determinado con fiabilidad.
- Contratos de garantía financiera.
- Fianzas entregadas y recibidas.
- Coberturas contables.
- Conversión de las cuentas anuales a la moneda de presentación.
- Pasivos por retribuciones a largo plazo al personal.
- Transacciones con pagos basados en instrumentos de patrimonio.
- Combinaciones de negocios.
- Operaciones de fusión, escisión y aportaciones no dinerarias.

El Plan General de Contabilidad será siempre el subsidiario en caso de que una PYME realice algún tipo de operación incluida en esta lista y excluida del plan de las PYMES.

En el siguiente cuadro se puede ver la comparación entre las normas de valoración del Plan General Contable y el Plan General de Contabilidad de PYMES:

| PLAN GENERAL CONTABLE | | PLAN GENERAL DE PYMES | |
|---|---|---|---|
| 1 | DESARROLLO DEL MARCO CONCEPTUAL DE LA CONTABILIDAD | 1 | DESARROLLO DEL MARCO CONCEPTUAL DE LA CONTABILIDAD |
| 2 | INMOVILIZADO MATERIAL | 2 | INMOVILIZADO MATERIAL |
| 3 | NORMAS PARTICULARES SOBRE INMOVILIZADO MATERIAL | 3 | NORMAS PARTICULARES SOBRE INMOVILIZADO MATERIAL |
| 4 | INVERSIONES INMOBILIARIAS | 4 | INVERSIONES INMOBILIARIAS |
| 5 | INMOVILIZADO INTANGIBLE | 5 | INMOVILIZADO INTANGIBLE |
| 6 | NORMAS PARTICULARES SOBRE EL INMOVILIZADO INTANGIBLE | 6 | NORMAS PARTICULARES SOBRE EL INMOVILIZADO INTANGIBLE |

| | | | |
|---|---|---|---|
| 7 | ACTIVOS NO CORRIENTES Y GRUPOS ENAJENABLES DE ELEMENTOS MANTENIDOS PARA LA VENTA | 7 | ARRENDAMIENTOS Y OTRAS OPERACIONES DE NATURALEZA SIMILAR |
| 8 | ARRENDAMIENTOS Y OTRAS OPERACIONES DE NATURALEZA SIMILAR | 8 | ACTIVOS FINANCIEROS |
| 9 | INSTRUMENTOS FINANCIEROS | 9 | PASIVOS FINANCIEROS |
| 10 | EXISTENCIAS | 10 | CONTRATOS FINANCIEROS PARTICULARES |
| 11 | MONEDA EXTRANJERA | 11 | INSTRUMENTOS DE PATRIMONIO PROPIO |
| 12 | IVA, IGIC Y OTROS IMPUESTOS INDIRECTOS | 12 | EXISTENCIAS |
| 13 | IMPUESTOS SOBRE BENEFICIOS | 13 | MONEDA EXTRANJERA |
| 14 | INGRESOS POR VENTAS Y PRESTACIÓN DE SERVICIOS | 14 | IVA, IGIC Y OTROS IMPUESTOS INDIRECTOS |
| 15 | PROVISIONES Y CONTINGENCIAS | 15 | IMPUESTOS SOBRE BENEFICIOS |
| 16 | PASIVOS POR RETRIBUCIONES A LARGO PLAZO AL PERSONAL | 16 | INGRESOS POR VENTAS Y PRESTACIÓN DE SERVICIOS |
| 17 | TRANSACCIONES CON PAGOS BASADOS EN INSTRUMENTOS DE PATRIMONIO | 17 | PROVISIONES Y CONTINGENCIAS |
| 18 | SUBVENCIONES, DONACIONES Y LEGADOS RECIBIDOS | 18 | SUBVENCIONES, DONACIONES Y LEGADOS RECIBIDOS |
| 19 | COMBINACIONES DE NEGOCIOS | 19 | NEGOCIOS CONJUNTOS |
| 20 | NEGOCIOS CONJUNTOS | 20 | OPERACIONES ENTRE EMPRESAS DEL GRUPO |
| 21 | OPERACIONES ENTRE EMPRESAS DEL GRUPO | 21 | CAMBIOS EN CRITERIOS CONTABLES, ERRORES Y ESTIMACIONES CONTABLES |
| 22 | CAMBIOS EN CRITERIOS CONTABLES, ERRORES Y ESTIMACIONES CONTABLES | 22 | HECHOS POSTERIORES AL CIERRE DEL EJERCICIO |
| 23 | HECHOS POSTERIORES AL CIERRE DEL EJERCICIO | | |

La principal diferencia entre el RD 1514/2007 y el RD 1515/2007 está en el tratamiento de los instrumentos financieros, como puede verse de forma más detallada en el cuadro siguiente. Mientras que el Plan General Contable los analiza en una extensa norma novena, en el de PYMES los desglosa en diferentes normas. También se puede ver entre uno y otro, la correspondencia entre ellas, con las excepciones ya indicadas:

| | PLAN GENERAL CONTABLE | | | PLAN GENERAL DE PYMES |
|---|---|---|---|---|
| **9** | **INSTRUMENTOS FINANCIEROS** | | | |
| | 1 | RECONOCIMIENTO | | |
| | 2 | ACTIVOS FINANCIEROS | **8** | **ACTIVOS FINANCIEROS** |
| | | 1 | PRESTAMOS Y PARTIDAS A COBRAR | |

| | | | | | |
|---|---|---|---|---|---|
| | | | | 1 | ACTIVOS FINANCIEROS A COSTE AMORTIZADO |
| | 2 | | INVERSIONES MANTENIDAS HASTA EL VENCIMIENTO | | |
| | 3 | | ACTIVOS FINANCIEROS MANTENIDOS PARA NEGOCIAR | 2 | ACTIVOS FINANCIEROS MANTENIDOS PARA NEGOCIAR |
| | | | | 3 | ACTIVOS FINANCIEROS A COSTE |
| | 4 | | OTROS ACTIVOS FINANCIEROS A VALOR RAZONABLE CON CAMBIOS EN LA CUENTA DE PyG | | |
| | 5 | | INVERSIONES EN EL PATRIMONIO DE EMPRESAS DEL GRUPO, MULTIGRUPO Y ASOCIADAS | | |
| | 6 | | ACTIVOS FINANCIEROS DISPONIBLES PARA LA VENTA | | |
| | 7 | | RECLASIFICACIÓN DE ACTIVOS FINANCIEROS | | |
| | 8 | | INTERESES Y DIVIDENDOS RECIBIDOS DE ACTIVOS FINANCIEROS | 4 | INTERESES Y DIVIDENDOS RECIBIDOS DE ACTIVOS FINANCIEROS |
| | 9 | | BAJA DE ACTIVOS FINANCIEROS | 5 | BAJA DE ACTIVOS FINANCIEROS |
| 3 | | | PASIVOS FINANCIEROS | 9 | **PASIVOS FINANCIEROS** |
| | 1 | | DEBITOS Y PARTIDAS A PAGAR | | |
| | | | | 1 | PASIVOS FINANCIEROS A COSTE AMORTIZADO |
| | 2 | | PASIVOS FINANCIEROS MANTENIDOS PARA NEGOCIAR | 2 | PASIVOS FINANCIEROS MANTENIDOS PARA NEGOCIAR |
| | 3 | | OTROS PASIVOS FINANCIEROS A VALOR RAZONABLE CON CAMBIOS EN LA CUENTA DE PyG | | |
| | 4 | | RECLASIFICACIÓN DE PASIVOS FINANCIEROS | | |
| | 5 | | BAJA DE PASIVOS DE PASIVOS FINANCIEROS | 3 | BAJA DE PASIVOS FINANCIEROS |
| 4 | | | INSTRUMENTOS DE PATRIMONIO PROPIO | 11 | **INSTRUMENTOS DE PATRIMONIO PROPIO** |
| 5 | | | CASOS PARTICULARES | 10 | **CONTRATOS FINANCIEROS PARTICULARES** |
| | | 1 | INSTRUMENTOS FINANCIEROS HÍBRIDOS | 1 | ACTIVOS FINANCIEROS HÍBRIDOS |
| | | 2 | INSTRUMENTOS FINANCIEROS COMPUESTOS | | |

| | | | | | |
|---|---|---|---|---|---|
| | | 3 | DERIVADOS QUE TENGAN COMO SUBYACENTE INVERSIONES EN INSTRUMENTOS DE PATRIMONIO NO COTIZADOS CUYO VALOR RAZONABLE NO PUEDA SER DETERMINADO CON FIABILIDAD | | |
| | | 4 | CONTRATOS QUE SE MANTENGAN CON EL PROPÓSITO DE RECIBIR O ENTREGAR UN ACTIVO NO FINANCIERO | 2 | CONTRATOS QUE SE MANTENGAN CON EL PROPÓSITO DE RECIBIR O ENTREGAR UN ACTIVO NO FINANCIERO |
| | | 5 | CONTRATOS DE GARANTÍA FINANCIERA | | |
| | | 6 | FIANZAS ENTREGADAS Y RECIBIDAS | | |
| | 6 | COBERTURAS CONTABLES | | | |

Los grupos que el Plan General para PYMES no contempla en comparación con los que incluye el Plan General Contable son los indicados en negrita en el siguiente cuadro, así como la correspondencia conceptual entre ambos y la numeración que se le da a cada uno:

| | PLAN GENERAL CONTABLE | | PLAN GENERAL DE PYMES |
|---|---|---|---|
| 1 | DESARROLLO DEL MARCO CONCEPTUAL DE LA CONTABILIDAD | 1 | DESARROLLO DEL MARCO CONCEPTUAL DE LA CONTABILIDAD |
| 2 | INMOVILIZADO MATERIAL | 2 | INMOVILIZADO MATERIAL |
| 3 | NORMAS PARTICULARES SOBRE INMOVILIZADO MATERIAL | 3 | NORMAS PARTICULARES SOBRE INMOVILIZADO MATERIAL |
| 4 | INVERSIONES INMOBILIARIAS | 4 | INVERSIONES INMOBILIARIAS |
| 5 | INMOVILIZADO INTANGIBLE | 5 | INMOVILIZADO INTANGIBLE |
| 6 | NORMAS PARTICULARES SOBRE EL INMOVILIZADO INTANGIBLE | 6 | NORMAS PARTICULARES SOBRE EL INMOVILIZADO INTANGIBLE |
| 7 | **ACTIVOS NO CORRIENTES Y GRUPOS ENAJENABLES DE ELEMENTOS MANTENIDOS PARA LA VENTA** | | |
| 8 | ARRENDAMIENTOS Y OTRAS OPERACIONES DE NATURALEZA SIMILAR | 7 | ARRENDAMIENTOS Y OTRAS OPERACIONES DE NATURALEZA SIMILAR |
| 9 | INSTRUMENTOS FINANCIEROS | 8 | ACTIVOS FINANCIEROS |
| | | 9 | PASIVOS FINANCIEROS |
| | | 10 | CONTRATOS FINANCIEROS PARTICULARES |
| | | 11 | INSTRUMENTOS DE PATRIMONIO PROPIO |
| 10 | EXISTENCIAS | 12 | EXISTENCIAS |
| 11 | MONEDA EXTRANJERA | 13 | MONEDA EXTRANJERA |

| 12 | IVA, IGIC Y OTROS IMPUESTOS INDIRECTOS | 14 | IVA, IGIC Y OTROS IMPUESTOS INDIRECTOS |
|---|---|---|---|
| 13 | IMPUESTOS SOBRE BENEFICIOS | 15 | IMPUESTOS SOBRE BENEFICIOS |
| 14 | INGRESOS POR VENTAS Y PRESTACIÓN DE SERVICIOS | 16 | INGRESOS POR VENTAS Y PRESTACIÓN DE SERVICIOS |
| 15 | PROVISIONES Y CONTINGENCIAS | 17 | PROVISIONES Y CONTINGENCIAS |
| 16 | **PASIVOS POR RETRIBUCIONES A LARGO PLAZO AL PERSONAL** | | |
| 17 | **TRANSACCIONES CON PAGOS BASADOS EN INSTRUMENTOS DE PATRIMONIO** | | |
| 18 | SUBVENCIONES, DONACIONES Y LEGADOS RECIBIDOS | 18 | SUBVENCIONES, DONACIONES Y LEGADOS RECIBIDOS |
| 19 | **COMBINACIONES DE NEGOCIOS** | | |
| 20 | NEGOCIOS CONJUNTOS | 19 | NEGOCIOS CONJUNTOS |
| 21 | OPERACIONES ENTRE EMPRESAS DEL GRUPO | 20 | OPERACIONES ENTRE EMPRESAS DEL GRUPO |
| 22 | CAMBIOS EN CRITERIOS CONTABLES, ERRORES Y ESTIMACIONES CONTABLES | 21 | CAMBIOS EN CRITERIOS CONTABLES, ERRORES Y ESTIMACIONES CONTABLES |
| 23 | HECHOS POSTERIORES AL CIERRE DEL EJERCICIO | 22 | HECHOS POSTERIORES AL CIERRE DEL EJERCICIO |

## 2.3.3 Las cuentas anuales

Las cuentas anuales comprenden el balance, la cuenta de pérdidas y ganancias, el estado de cambios en el patrimonio neto, el estado de flujos de efectivo y la memoria. Todos estos documentos forman una unidad y deben redactarse de conformidad con lo previsto en el Código de Comercio, el Texto Refundido de la Ley de Sociedades Anónimas, la Ley de Sociedades de Responsabilidad Limitada y el Plan General de Contabilidad. En particular, sobre la base del Marco Conceptual de la contabilidad y con la finalidad de mostrar la imagen fiel del patrimonio, de la situación financiera y de los resultados de la empresa.

El Plan General de Contabilidad establece una serie de límites para la aplicación del balance abreviado o normal, así como a lo que respecta a la cuenta de pérdidas y ganancias abreviada o normal.

Valga la pena recordar que para aplicar balance abreviado, las condiciones son de cumplir dos de las tres siguientes:

- Partidas del activo no superiores a 2,850 millones de euros.
- Importe neto de su cifra de negocios no superior a 5,700 millones de euros.
- Número medio de trabajadores no superior a 50.

Poderse acoger a la confección del balance abreviado significa también poderse acoger a la formulación del ECPN (Estado de Cambios de Patrimonio Neto) abreviado también y la no obligatoriedad del EFE (Estado de Flujos de Efectivo).

La inclusión en el Plan General de Contabilidad de los modelos abreviados tienen su razón de ser para aquellos sujetos contables que aun cumpliendo las condiciones, estén excluidos del ámbito de aplicación del PGC de PYMES, como se ha indicado en el punto 2.5, y para aquellos otros que voluntariamente prefieran aplicar el Plan General de Contabilidad.

Para la aplicación de la Cuenta de Pérdidas y Ganancias simplificada, las condiciones son cumplir también dos de las tres siguientes:

- Partidas del activo no superiores a 11,400 millones de euros.
- Importe neto de su cifra de negocios no superior a  22,800 millones de euros.
- Número medio de trabajadores no superior a 250.

En cuanto a las cuentas anuales, el Plan General de Contabilidad para PYMES establece que los documentos que los integran son los que posibilita el artículo 175 del Texto Refundido de la Ley de Sociedades Anónimas para la formulación del balance abreviado: balance, cuenta de pérdidas y ganancias, estado de cambios del patrimonio neto y memoria. O el artículo 275 de la Ley de Sociedades de Capital. El estado de flujos de efectivo es de aplicación voluntaria.

Las normas comunes a cumplir en todos los documentos constitutivos de la memoria, tanto en lo que respecta a las empresas obligadas por el Plan General Contable como las acogidas al Plan General Contable para PYMES, son:

1. En cada partida deberán figurar, además de las cifras del ejercicio que se cierra, las correspondientes al ejercicio inmediatamente anterior. A estos efectos, cuando unas y otras no sean comparables, bien por haberse producido una modificación en la estructura, bien por realizarse un cambio de criterio contable o subsanación de error, se deberá proceder a adaptar el ejercicio precedente, a efectos de su presentación en el ejercicio al que se refieren las cuentas anuales, informando de ello detalladamente en la memoria.

2. No podrán modificarse los criterios de contabilización de un ejercicio a otro, salvo casos excepcionales que se indicarán y justificarán en la memoria.

3. No figurarán las partidas a las que no corresponda importe alguno en el ejercicio ni en el precedente.

4. No podrá modificarse la estructura de un ejercicio a otro, salvo casos excepcionales que se indicarán en la memoria.

5. Podrán añadirse nuevas partidas a las previstas en los modelos normales y abreviados, siempre que su contenido no esté previsto en las existentes.

6. Podrá hacerse una subdivisión más detallada de las partidas que aparecen en los modelos, tanto en el normal como en el abreviado.

7. Podrán agruparse las partidas precedidas de números árabes en el balance y estado de cambios en el patrimonio neto, o letras en la cuenta de pérdidas y ganancias y estado de flujos de efectivo, si solo representan un importe irrelevante para mostrar la imagen fiel o si se favorece la claridad.

8.  Cuando proceda, cada partida contendrá una referencia cruzada a la información correspondiente dentro de la memoria.

9.  Los créditos y deudas con empresas del grupo y asociadas, así como los ingresos y gastos derivados de ellos, figurarán en las partidas correspondientes, con separación de las que no correspondan a empresas del grupo o asociadas respectivamente. En cualquier caso, en las partidas relativas a empresas asociadas también se incluirán las relaciones con empresas multigrupo.

10. Las empresas que participen en uno o varios negocios conjuntos que no tengan personalidad jurídica (uniones temporales de empresas, comunidades de bienes, etc.) deberán presentar esta información, atendiendo lo dispuesto en la norma de registro y valoración relativa a negocios conjuntos, integrando en cada partida de los modelos de los distintos estados financieros las cantidades correspondientes a los negocios conjuntos en los que participen e informando sobre su desglose en la memoria.

En cuanto al estado de cambios del patrimonio neto, se deben tener en cuenta las siguientes consideraciones para cada una de las dos partes que lo componen:

1.  La primera, denominada "Estado de ingresos y gastos reconocidos", recoge los cambios en el patrimonio neto derivados de:

a)  El resultado del ejercicio de la cuenta de pérdidas y ganancias.

b)  Los ingresos y gastos que, según lo requerido por las normas de registro y valoración, deban imputarse directamente al patrimonio neto de la empresa.

c)  Las transferencias realizadas a la cuenta de pérdidas y ganancias según lo dispuesto por el Plan General de Contabilidad.

2.  La segunda, denominada "Estado total de cambios en el patrimonio neto", informa de todos los cambios habidos en el patrimonio neto derivados de:

a)  El saldo total de los ingresos y gastos reconocidos.

b)  Las variaciones originadas en el patrimonio neto por operaciones con los socios o propietarios de la empresa cuando actúen como tales.

c)  Las restantes variaciones que se produzcan en el patrimonio neto.

d)  También se informará de los ajustes al patrimonio neto debidos a cambios en criterios contables y correcciones de errores.

Respecto al estado de flujos de efectivo, se debe tener en cuenta lo siguiente: informa sobre el origen y la utilización de los activos monetarios representativos de efectivo y otros activos líquidos equivalentes, clasificando los movimientos por actividades e indicando la variación neta de dicha magnitud en el ejercicio.

A estos efectos, se entiende por efectivo y otros activos líquidos equivalentes los que como tal figuran en el epígrafe B.VII del activo del balance, es decir, la tesorería depositada en la caja de la empresa y los depósitos bancarios a la vista; también podrán formar parte los instrumentos financieros que sean convertibles en efectivo y que en el momento de su adquisición, su vencimiento no fuera superior a tres meses, siempre que no exista riesgo significativo de cambios de valor y formen parte de la política de gestión normal de la tesorería de la empresa.

Los elementos integrantes de los estados financieros son: Activo, Pasivo, Patrimonio Neto, Ingresos y Gastos, de acuerdo con la definición que da la propia Ley 16/2007 en el artículo primero, al modificar el artículo 36 del Código de Comercio, y como ya se ha visto en el punto 3.1, y que recupera también el propio Plan General de Contabilidad.

La definición de estos conceptos supone la supresión o adecuada reclasificación de algunos elementos patrimoniales previstos en el PGC de 1990 que no encajan en las definiciones anteriores tal y como son considerados en aquel: Gastos de establecimiento, Gastos de investigación, Gastos por intereses diferidos y Subvenciones en capital entre otras.

Al igual que en el PGC de 1990, el Plan General de Contabilidad aprobado establece una serie de modelos de Balance normal y abreviado el Plan General de Contabilidad en los que ha introducido cambios que se adecuan a la normativa del propio Plan y de los principios de la Ley 16/2007.

En cuanto al modelo de Pérdidas y Ganancias, el cambio mayor es la utilización de una sola columna, en formato vertical, para establecer el resultado.

En ambos planes de contabilidad la memoria tiene un mayor protagonismo y relevancia que en el plan de 1990. Se refuerza especialmente la obligación de facilitar la máxima información financiera y sobre las partes vinculadas. En el cuadro siguiente pueden verse los puntos obligatorios establecidos para la memoria en cuanto a las empresas obligadas por el Plan General de contabilidad y Plan General de Contabilidad de PYMES:

| PLAN GENERAL CONTABLE | | | PLAN GENERAL DE PYMES | | |
|---|---|---|---|---|---|
| 1 | ACTIVIDAD DE LA EMPRESA | | 1 | ACTIVIDAD DE LA EMPRESA | |
| | 1 | Domicilio, forma legal y lugar donde se desarrollan sus actividades | | 1 | Domicilio, forma legal y lugar donde se desarrollan sus actividades |
| | 2 | Descripción de la naturaleza de su actividad | | 2 | Descripción de la naturaleza de su actividad |
| | 3 | Pertenencia si fuese el caso, a un grupo | | 3 | Pertenencia si fuese el caso, a un grupo |
| | 4 | Existencia de una moneda funcional y criterios de su selección | | 4 | Existencia de una moneda funcional y criterios de su selección |
| 2 | BASES DE PRESENTACIÓN DE LAS CUENTAS ANUALES | | 2 | BASES DE PRESENTACIÓN DE LAS CUENTAS ANUALES | |
| | 1 | Imagen fiel | | 1 | Imagen fiel |
| | 2 | Principios contables no obligatorios aplicados | | 2 | Principios contables no obligatorios aplicados |
| | 3 | Aspectos críticos de la valoración y estimación de la incertidumbre | | 3 | Aspectos críticos de la valoración y estimación de la incertidumbre |
| | 4 | Comparación de la información | | 4 | Comparación de la información |

| | | | |
|---|---|---|---|
| 5 | Agrupación de partidas | 5 | Elementos recogidos en varias partidas |
| 6 | Elementos recogidos en varias partidas | 6 | Cambios en criterios contables |
| 7 | Cambios en criterios contables | 7 | Corrección de errores |
| 8 | Corrección de errores | | |
| | | 3 | APLICACIÓN DE LOS RESULTADOS |
| 3 | APLICACIÓN DE LOS RESULTADOS | 1 | Información sobre la propuesta de aplicación del resultado |
| 1 | Información sobre la propuesta de aplicación del resultado | 2 | Información de la existencia de dividendos a cuenta |
| 2 | Información de la existencia de dividendos a cuenta | 3 | Limitaciones si las hay sobre la distribución de dividendos |
| 3 | Limitaciones si las hay sobre la distribución de dividendos | | |
| | | 4 | NORMAS DE REGISTRO Y VALORACIÓN |
| 4 | NORMAS DE REGISTRO Y VALORACIÓN | 1 | Sobre el inmovilizado intangible |
| 1 | Sobre el inmovilizado intangible | 2 | Sobre el inmovilizado material |
| 2 | Sobre el inmovilizado material | 3 | Sobre la calificación de terrenos y construcciones como inversiones inmobiliarias |
| 3 | Sobre la calificación de terrenos y construcciones como inversiones inmobiliarias | 4 | Permutas |
| 4 | Arrendamientos | 5 | Sobre la calificación de activos y pasivos financieros |
| 5 | Permutas | 6 | Sobre las existencias |
| 6 | Sobre la calificación de activos y pasivos financieros | 7 | Sobre las transacciones en moneda extranjera |
| 7 | Coberturas contables | 8 | Sobre el Impuesto sobre beneficios |
| 8 | Sobre las existencias | 9 | Sobre los ingresos y gastos |
| 9 | Sobre las transacciones en moneda extranjera | 10 | Sobre provisiones y contingencias |
| 10 | Sobre el Impuesto sobre beneficios | 11 | Sobre los criterios empleados para el registro y valoración de los gastos de personal |
| 11 | Sobre los ingresos y gastos | 12 | Sobre las subvenciones, donaciones y legados |
| 12 | Sobre provisiones y contingencias | 13 | Sobre la existencia de combinaciones de negocios |
| 13 | Sobre los elementos patrimoniales de naturaleza medioambiental | 14 | Sobre la existencia de negocios conjuntos |
| 14 | Sobre los criterios empleados para el registro y valoración de los gastos de personal | 15 | Sobre las transacciones entre partes vinculadas |
| 15 | Sobre los pagos basados en acciones | | |

| | | | | |
|---|---|---|---|---|
| | 16 | Sobre las subvenciones, donaciones y legados | 5 | INMOVILIZADO MATERIAL, INTANGIBLE E INVERSIONES INMOBILIARIAS |
| | 17 | Sobre la existencia de combinaciones de negocios | 1 | Análisis del movimiento durante el ejercicio |
| | 18 | Sobre la existencia de negocios conjuntos | 2 | Detalle de los movimientos de inmovilizados intangibles con vida útil indefinida |
| | 19 | Sobre las transacciones entre partes vinculadas | 3 | Arrendamientos financieros, indicando condiciones, costes, duración, cuotas satisfechas, pendientes y opción de compra |
| | 20 | Sobre la existencia de activos no corrientes mantenidos para la venta | | |
| | 21 | Sobre la existencia de operaciones interrumpidas: criterios de calificación e ingresos y gastos | 6 | ACTIVOS FINANCIEROS |
| | | | 1 | Valor en libros de cada uno de los activos financieros |
| 5 | | INMOVILIZADO MATERIAL | 2 | Análisis del movimiento de cada una de las cuentas correctoras por deterioro |
| | 1 | Análisis del movimiento durante el ejercicio | 3 | Si se han valorado por su valor razonable: precios cotizados, categorías, variaciones de valor registradas, etc. |
| | 2 | Información sobre costes, vidas útiles, cambios de estimación, importe de gastos capitalizados, pérdidas y reversiones de deterioro, etc. | 4 | Empresas del grupo, multigrupo y asociadas |
| 6 | | INVERSIONES INMOBILIARIAS | 7 | PASIVOS FINANCIEROS |
| | 1 | Tipos de inversiones inmobiliarias | 1 | Valor en libros de cada uno de los pasivos financieros |
| | 2 | Ingresos provenientes de estas inversiones | 2 | Información completa de las deudas con vencimiento dentro de los próximos cinco años |
| | 3 | Existencia de restricciones en la realización de inversiones inmobiliarias | 3 | Información completa de los préstamos pendientes al cierre del ejercicio |
| | 4 | Existencia de obligaciones contractuales tanto en adquisición o desarrollo como su mantenimiento o mejora | | |
| | | | 8 | FONDOS PROPIOS |
| 7 | | INMOVILIZADO INTANGIBLE | 1 | Detalle de los fondos propios: acciones, ampliaciones de capital, importes, derechos, circunstancias que restringen las reservas, acciones propias, etc. |

| | | | | | |
|---|---|---|---|---|---|
| | 1 | Análisis de su movimiento: saldo inicial, entradas y salidas, correcciones, etc. | | | |
| | 2 | Información sobre activos afectos a garantías o reversión, vidas útiles, etc. | 9 | | SITUACIÓN FISCAL |
| | 3 | Información sobre el fondo de comercio: origen, movimiento, descripción de factores que han contribuido a su registro | | 1 | Impuesto sobre sociedades |
| | | | | 2 | Otros tributos |
| 8 | | ARRENDAMIENTOS Y OTRAS OPERACIONES DE NATURALEZA SIMILAR | | | |
| | 1 | Información completa sobre los arrendamientos financieros | 10 | | INGRESOS Y GASTOS |
| | 2 | Información completa sobre los arrendamientos operativos | | 1 | Desglose de compras y variación de existencias y cargas sociales especialmente |
| | | | | 2 | Importe de la venta de bienes y prestación de servicios por permuta de bienes no monetarios y servicios |
| 9 | | INSTRUMENTOS FINANCIEROS | | 3 | Resultados fuera de la actividad de la empresa |
| | 1 | Información sobre la relevancia de los instrumentos financieros en la situación financiera de la empresa: categorías de activos y pasivos, valoraciones a valor razonable, reclasificaciones, vencimientos, transferencias, en garantía, deterioros por riesgo de crédito | | | |
| | 2 | Información sobre la incidencia de los activos y pasivos sobre la cuentas de pérdidas y ganancias | 11 | | SUBVENCIONES, DONACIONES Y LEGADOS |
| | 3 | Descripción detallada de las operaciones de cobertura de los instrumentos destinados a tal fin, con detalle del valor razonable | | 1 | Importe y características |
| | 4 | Información detallada sobre las empresas del grupo: denominación, domicilio, actividad, capital y derechos de voto, dividendos recibidos... | | 2 | Análisis del movimiento de cada una de ellos |
| | 5 | Información detallada sobre las empresas del multigrupo y asociadas, con la misma indicación del punto anterior | | 3 | Información sobre el origen de los mismos |

| | | | | | |
|---|---|---|---|---|---|
| | 6 | Compromisos de compra de activos financieros y fuentes previsibles de financiación, así como de activos no financieros valorados como si estos lo fueran | | 4 | Información sobre el cumplimiento de las condiciones asociadas |
| | 7 | Información sobre la naturaleza y el nivel de riesgo de los instrumentos financieros: cualitativa y cuantitativa | | | |
| | 8 | Detalle de los fondos propios: acciones, ampliaciones de capital, importes, derechos, circunstancias que restringen las reservas, acciones propias, etc. | 12 | | OPERACIONES CON PARTES VINCULADAS |
| | | | | 1 | Información completa sobre las operaciones realizadas: empresa, negocios, personal clave, empresas asociadas, etc. |
| 10 | | EXISTENCIAS | | 2 | Información suficiente para entender las operaciones realizadas |
| | 1 | Correcciones valorativas, gastos financieros capitalizados, compromisos firmes de compra-venta, limitaciones de disponibilidad de estas, etc. | | 3 | En cualquier caso, se deberá informar siempre de ventas y compras de activos, prestación de servicios, contratos de arrendamiento financiero, licencias, investigación y desarrollo, acuerdos de financiación, dividendos, avales y garantías, remuneraciones, planes de pensiones, compromisos sobre opciones de compra, gestión de tesorería... |
| | | | | 4 | Participación de los administradores en el capital de otra sociedad de actividad análoga |
| 11 | | MONEDA EXTRANJERA | | | |
| | 1 | Importe de los elementos de activo y pasivo denominados en moneda extranjera | 13 | | OTRA INFORMACIÓN |
| | 2 | Información sobre diferencias de cambio y conversión | | 1 | Número medio de personas empleadas en el ejercicio, expresado en categorías |
| | 3 | Cambios en la moneda funcional, utilización de más de una moneda funcional, tasas de inflación en negocios en el extranjero, índice de precios, etc. | | 2 | Naturaleza de los negocios y acuerdos que no figuren en balance ni en otra parte de la memoria |
| 12 | | SITUACIÓN FISCAL | | | |
| | 1 | Impuesto sobre sociedades | | | |
| | 2 | Otros tributos | | | |

| 13 | | INGRESOS Y GASTOS | | | |
|----|----|----|----|----|----|
| | 1 | Desglose de compras y variación de existencias y cargas sociales especialmente | | | |
| | 2 | Importe de la venta de bienes y prestación de servicios por permuta de bienes no monetarios y servicios | | | |
| | 3 | Resultados fuera de la actividad de la empresa | | | |
| 14 | | PROVISIONES Y CONTINGENCIAS | | | |
| | 1 | Análisis de cada movimiento, información sobre el aumento sobre saldos actualizados a tipos de descuento, obligación asumida, estimaciones, derechos de reembolso, etc. | | | |
| | 2 | Análisis de las contingencias: descripción, riesgos, derechos de reembolso, etc. | | | |
| | 3 | Análisis de posibles entradas de beneficios por estos conceptos | | | |
| | 4 | Existencia de litigios: descripción de su naturaleza | | | |
| 15 | | INFORMACIÓN SOBRE MEDIO AMBIENTE | | | |
| | 1 | Descripción de equipos y/o sistemas dedicados al medio ambiente | | | |
| | 2 | Gastos del ejercicio, riesgos cubiertos, contingencias, inversiones y compensaciones realizados o previstos por este concepto | | | |
| 16 | | RETRIBUCIONES A LARGO PLAZO AL PERSONAL | | | |
| | 1 | Descripción del plan cuando se trate de prestaciones o aportaciones definidas | | | |
| | 2 | En caso de prestaciones definidas a largo plazo, se incluirá información de las provisiones reconocidas en el balance, con su correspondiente conciliación, importe e hipótesis actuariales | | | |
| 17 | | TRANSACCIONES CON PAGOS BASADOS EN INSTRUMENTOS DE PATRIMONIO | | | |
| | 1 | Descripción de cada tipo de acuerdo en este tipo de pago, indicando el beneficiario | | | |

| | | | | |
|---|---|---|---|---|
| | 2 | Descripción de las provisiones por este concepto reconocidas en el balance | | |
| | 3 | Información, cuando estas transacciones estén basadas en opciones sobre acciones, sobre número y media de precios, opciones ejercitadas, rango y vida media de las aún existentes, etc. | | |
| 18 | | SUBVENCIONES, DONACIONES Y LEGADOS | | |
| | 1 | Importe y características | | |
| | 2 | Análisis del movimiento de cada una de ellos | | |
| | 3 | Información sobre el origen de los mismos | | |
| | 4 | Información sobre el cumplimiento de las condiciones asociadas | | |
| 19 | | COMBINACIONES DE NEGOCIOS | | |
| | 1 | Información completa sobre las operaciones realizadas | | |
| | 2 | Posibilidad de agregación en operaciones similares sin importancia relativa | | |
| | 3 | Detalle de la parte de ingresos y resultado imputable a cada parte en la agregación | | |
| 20 | | NEGOCIOS CONJUNTOS | | |
| | 1 | Información completa sobre los intereses en negocios conjuntos, distinguiendo entre explotaciones y activos controlados conjuntamente. | | |
| | 2 | Información de las contingencias como partícipes así como de los distintos compromisos asumidos | | |
| | 3 | Las partidas significativas se deberán desglosar en el balance, cuenta de pérdidas y ganancias, estado de flujos de efectivo y estado de cambios en el patrimonio neto | | |
| 21 | | ACTIVOS NO CORRIENTES MANTENIDOS PARA LA VENTA Y OPERACIONES INTERRUMPIDAS | | |
| | 1 | Para cada actividad calificada como interrumpida se deberán detallar los ingresos, gastos y resultado, gasto por impuesto relativo al anterior resultado, etc. | | |

| | | | | |
|---|---|---|---|---|
| | 2 | Para cada activo mantenido para la venta se deberá indicar una descripción, resultados reconocidos y ajustes | | |
| 22 | HECHOS POSTERIORES AL CIERRE | | | |
| | 1 | Información completa sobre hechos posteriores que ya existían pero que no han supuesto ajustes en las cifras presentadas | | |
| | 2 | Información completa sobre hechos posteriores que no existían con importancia para afectar la evaluación de las cuentas anuales | | |
| | 3 | Descripción completa de hechos posteriores que afecten al principio de empresa en funcionamiento | | |
| 23 | OPERACIONES CON PARTES VINCULADAS | | | |
| | 1 | Información completa sobre las operaciones realizadas: empresa, negocios, personal clave, empresas asociadas, etc. | | |
| | 2 | Información suficiente para entender las operaciones realizadas | | |
| | 3 | En cualquier caso, se deberá informar siempre de ventas y compras de activos, prestación de servicios, contratos de arrendamiento financiero, licencias, investigación y desarrollo, acuerdos de financiación, dividendos, avales y garantías, remuneraciones, planes de pensiones, compromisos sobre opciones de compra, gestión de tesorería... | | |
| | 4 | Participación de los administradores en el capital de otra sociedad de actividad análoga | | |
| 24 | OTRA INFORMACIÓN | | | |
| | 1 | Número medio de personas empleadas en el ejercicio, expresado en categorías | | |
| | 2 | Honorarios de auditoria | | |
| | 3 | Unidad de decisión a la que pertenecen | | |

| | | | | |
|---|---|---|---|---|
| | 4 | Naturaleza de los negocios y acuerdos que no figuren en balance ni en otra parte de la memoria | | |
| 25 | INFORMACIÓN SEGMENTADA | | | |
| | 1 | Información sobre la distribución del importe neto de la cifra de negocios por categorías de actividad, así como mercados geográficos | | |

## 2.3.4 Cuadro de cuentas y las definiciones y relaciones contables

La cuarta parte del Plan General de Contabilidad, así como el Plan General de PYMES se refiere al cuadro de cuentas y la quinta a las definiciones y relaciones contables. El cuadro de cuentas se amplía para dar cobertura a nuevas operaciones, aunque es posible que dada la complejidad de la vida de las empresas haya lagunas que se deberán cubrir mediante la aplicación de los principios expuestos en el marco conceptual.

El PGC incluye un cuadro de cuentas y definiciones, aunque como en el PGC de 1990 siguen siendo de aplicación voluntaria. Los grupos pasan a ser nueve:

Grupo 1: Financiación básica.
Grupo 2: Inmovilizado.
Grupo 3: Existencias.
Grupo 4: Acreedores y deudores por operaciones comerciales.
Grupo 5: Cuentas financieras.
Grupo 6: Compras y gastos.
Grupo 7: Ventas e ingresos.
Grupo 8: Gastos imputados al patrimonio neto.
Grupo 9: Ingresos imputados al patrimonio neto.

Los grupos 6 y 7 son los constitutivos de la Cuenta de Pérdidas y Ganancias y son los que darán el resultado del ejercicio. Los grupos 8 y 9 serán los constitutivos del resultado que afecta al patrimonio. Sólo serán objeto de reparto de dividendos los resultantes de la cuenta de Pérdidas y Ganancias mientras que los que afecten al patrimonio tienen prohibido su reparto, hasta el momento que por cualquier causa pasen a incrementar el resultado de la Cuenta de Pérdidas y Ganancias.

En relación con el Plan General de Contabilidad de PYMES, la novedad más significativa es la supresión de los grupos 8 y 9 que corresponden a los gastos y a los ingresos imputados al patrimonio. Se han eliminado dada la escasez de situaciones contempladas en el plan de PYMES.

La única operación específica que en las PYMES tendrá un movimiento que se reflejará directamente en las cuentas de patrimonio es la relativa a subvenciones, donaciones y legados, contemplando su movimiento tanto su obtención como su traspaso a la cuenta de Pérdidas y Ganancias y el efecto impositivo asociado a ellas.

Tal como ya se expresaba en el Plan General Contable de 1990, tanto el cuadro de cuentas como las relaciones contables son de aplicación facultativa por parte de las empresas.

# 2.4 LOS ASIENTOS CONTABLES

El plan contable, en la quinta parte dedicada a las relaciones contables, indica los movimientos que deben tener las cuentas. Cuando se habla de movimiento se entiende qué concepto se abona o se carga en función del asiento que se va a realizar.

En el primer capítulo se ha podido ver cómo debía haber siempre un equilibrio entre el activo y el pasivo y este mismo equilibrio se debe conservar en la construcción del asiento, porque es la base del mismo que se transmite a los estados financieros.

A continuación hay una serie de movimientos en los que se indicarán los asientos a realizar. En todos ellos hay una máxima común: equilibrio o igualdad entre el debe y el haber, entre el cargo y el abono.

- **Se constituye una empresa, con el desembolso completo del capital**:

    Conceptualmente este movimiento es una entrada de dinero en el banco contra la deuda que se tiene con los accionistas que lo dejan a la sociedad para que lo haga trabajar.

    Esta explicación traducida a asiento será de bancos, donde se cargará contra la cuenta de capital, donde se abonará. Cargo será siempre una operación en el debe y abono en el haber.

    Si este desembolso completo de capital es de 3.000 €, el asiento sería:

| CUENTA | DESCRIPCIÓN | DEBE | HABER |
|--------|-------------|------|-------|
| 572 | Bancos, C.C. | 3.000,00 | |
| 100 | Capital | | 3.000,00 |

- **La empresa compra una maquinaria y la paga al contado**:

    Al igual que en el caso anterior, conceptualmente el movimiento implica la compra de la maquinaria, con un incremento del inmovilizado, y una salida de dinero del banco para su correspondiente pago.

    La traducción al asiento será que el inmovilizado se incrementa, por lo que habrá que cargarle este importe y abonarlo al mismo tiempo por el pago del mismo a bancos.

Si el importe de esta compra fuese de 1.500 €, el asiento sería:

| CUENTA | DESCRIPCIÓN | DEBE | HABER |
|--------|-------------|------|-------|
| 213 | Maquinaria | 1.500,00 | |
| 572 | Bancos, C.C. | | 1.500,00 |

- **La empresa compra maquinaria y la paga aplazadamente a 30 días**:

    En este caso la operación debe dividirse en dos procesos. En el primero se realiza la compra con lo que se incrementa el inmovilizado pero su contrapartida será el nacimiento de una deuda en los acreedores. Esta deuda, que será en un segundo proceso, se cancelará en el momento en que se pague con una salida de dinero del banco.

    El asiento será parecido al anterior pero apareciendo la cuenta de acreedores y habrá que realizar uno de nuevo en el momento en que se realice el pago.

    Si el importe de la compra fuese de 1.800 €, el juego de asientos sería:

| CUENTA | DESCRIPCIÓN | DEBE | HABER |
|--------|-------------|------|-------|
| 213 | Maquinaria | 1.800,00 | |
| 523 | Proveedores de inmovilizado a c.p. | | 1.800,00 |

    En el momento del pago de esta factura el asiento sería:

| CUENTA | DESCRIPCIÓN | DEBE | HABER |
|--------|-------------|------|-------|
| 523 | Proveedores de inmovilizado a c.p. | 1.800,00 | |
| 572 | Bancos, C.C. | | 1.800,00 |

Con el primer asiento se incrementa el inmovilizado a costa de una financiación sobre un tercero, al cual se debe este importe. En el segundo asiento se cancela el importe adeudado con la consiguiente disminución del mismo en el banco.

- **La empresa compra una maquinaria y la paga aplazadamente a 30 días, sin olvidar que debe pagar un IVA del 18%**:

    Esta operación ya se va pareciendo más a la realidad del día a día de las empresas ya que las facturas deben llevar su correspondiente IVA. Si este IVA se liquida una vez cada trimestre por la diferencia entre el soportado y el repercutido, habrá que llevar una cuenta corriente de ambos sobre las que se realizará la liquidación cuando toque.

    Si el importe fuese de 1.800 € más su correspondiente 18%, con lo que habría que pagar 2.124 € en total, los asientos serían:

| CUENTA | DESCRIPCIÓN | DEBE | HABER |
|--------|-------------|------|-------|
| 213 | Maquinaria | 1.800,00 | |
| 472 | IVA Soportado | 324,00 | |
| 523 | Proveedores de inmovilizado a c.p. | | 2.124,00 |

En el momento del pago de la factura el asiento sería:

| CUENTA | DESCRIPCIÓN | DEBE | HABER |
| --- | --- | --- | --- |
| 523 | Proveedores de inmovilizado a c.p. | 2.124,00 | |
| 572 | Bancos, C.C. | | 2.124,00 |

La cuenta 472 correspondiente al IVA soportado quedaría con el saldo de 288 €, hasta el momento de la liquidación a Hacienda.

- **La empresa compra material para fabricar y lo paga aplazadamente a 30 días, sin olvidar que debe pagar un IVA del 18%:**

En este movimiento aparece un nuevo concepto, ya que si bien antes al comprar se hacía contra maquinaria y se incrementaba ésta, ahora se hace contra compras, con lo que nace un gasto a pesar de que aún no se ha producido el pago con el nacimiento así mismo de una deuda contra los proveedores. Solo cuando se pague esta deuda será cuando desaparecerá mientras que el gasto ya ha nacido en el momento en que se produce la compra.

Suponiendo que esta compra ascendiese a 300 € más su correspondiente IVA, el asiento sería el siguiente:

| CUENTA | DESCRIPCIÓN | DEBE | HABER |
| --- | --- | --- | --- |
| 600 | Compras | 300,00 | |
| 472 | IVA Soportado | 54,00 | |
| 400 | Proveedores | | 354,00 |

En el momento del pago al proveedor, el asiento sería el siguiente:

| CUENTA | DESCRIPCIÓN | DEBE | HABER |
| --- | --- | --- | --- |
| 400 | Proveedores | 354,00 | |
| 572 | Bancos, C.C. | | 354,00 |

- **La empresa vende a un cliente y lo cobra al cabo de 15 días, sin olvidar que debe cobrar un IVA del 18%:**

Al igual que en el ejemplo anterior, la venta genera un ingreso en el mismo momento en que se realiza, independientemente del momento de su cobro. Los asientos, suponiendo que el importe fuese de 600 € más IVA, serían los siguientes:

| CUENTA | DESCRIPCIÓN | DEBE | HABER |
| --- | --- | --- | --- |
| 430 | Clientes | 708,00 | |
| 477 | IVA Soportado | | 108,00 |
| 700 | Ventas | | 600,00 |

En el momento del cobro de la factura que está pendiente por parte de los clientes, el asiento sería:

| CUENTA | DESCRIPCIÓN | DEBE | HABER |
|--------|-------------|------|-------|
| 572 | Bancos C.C. | 708,00 | |
| 430 | Clientes | | 708,00 |

- **La empresa procede al cierre del ejercicio y debe saber el beneficio o pérdida que ha generado**:

Solamente al final del ejercicio se lleva a cabo el cierre contra la cuenta 129 y el proceso se realiza traspasando todos los saldos de las cuentas de los grupos 6 y 7 contra aquella. Esta cuenta 129 figura en el balance dentro de los fondos propios. Si su saldo es acreedor, indica que hay beneficio mientras que si es deudor que ha habido pérdidas, con lo que si se da lo primero los fondos propios aumentan mientras que si es lo segundo disminuyen.

El asiento que se está viendo, en este caso muy sencillo, sería el siguiente:

| CUENTA | DESCRIPCIÓN | DEBE | HABER |
|--------|-------------|------|-------|
| 700 | Ventas | 600,00 | |
| 129 | Resultado del ejercicio | | 600,00 |
| 600 | Compras | | 300,00 |
| 129 | Resultado del ejercicio | 300,00 | |

Este asiento lo que ha realizado ha sido el traspaso de los saldos de las cuentas del grupo 6 y 7 a la 129, dejando aquellos grupos a cero. Como el saldo de la 129 es acreedor, indica que el saldo es beneficio.

En los capítulos que siguen se verá el tratamiento que debe darse a cada grupo de cuentas.

## RESUMEN DEL CAPÍTULO:

El PGC es de obligado cumplimiento y tiene como objetivo dar la imagen fiel del patrimonio, de la situación financiera y de los resultados de la empresa.

Se divide en cinco grandes apartados, siendo la última, la definición de las cuentas, la única que no es obligatoria.

Para facilitar el trabajo de la contabilización a las pequeñas y medianas empresas, existe una adaptación del PGC destinada a ellas, publicada en el RD 1515/2007, debiendo cumplir como mínimo dos de tres condiciones durante dos años seguidos para acogerse a él, siendo en cualquier caso siempre subsidiario el PGC publicado mediante el RD 1514/2007.

Los asientos siempre deben estar equilibrados, o sea con los saldos del debe y haber iguales, o también cuadrados, ya que eso es el reflejo e indicación del movimiento que han de reflejar las grandes masas patrimoniales.

A pesar de que los límites para determinar la condición de PYME y para cumplimentar las cuentas normales o abreviadas son los mismos, las empresas deben acogerse a un PGC u otro, RD 1514/2007 o RD 1515/2007, a pesar de que, aún pudiendo acogerse al de PYMES, si se acogen al RD 1514/2007, puedan cumplimentar los modelos abreviados. La diferencia más importante entre ambos radica en las normas de valoración.

# Capítulo 3

# LAS CUENTAS Y LOS ASIENTOS

En los dos capítulos anteriores se han utilizado distintas cuentas y se han visto también asientos. En este capítulo y antes de seguir con otros temas contables, valdrá la pena repasar lo visto hasta aquí y analizarlo mediante la aplicación del método deductivo para comprender el por qué de la utilización de unas y otros.

## 3.1 LA CUENTA

La cuenta constituye el elemento básico, ya que a través de ella se controlan cada uno de los elementos patrimoniales, y a través de ella se registran los distintos movimientos que le afectan.

Cada cuenta consta de dos columnas. La de la izquierda se llama DEBE y la de la derecha HABER. La representación es a través del símbolo siguiente:

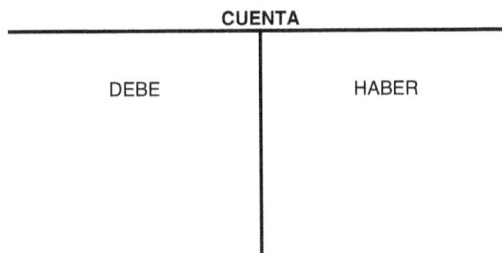

**CUENTA**

DEBE                          HABER

Las cuentas que configuran el balance de situación son las de los grupos 1 al 5. Se pueden definir los conceptos constitutivos del debe y haber de la manera siguiente:

- En el DEBE se anotarán incrementos de bienes, incrementos de derechos y decrementos de obligaciones.

- En el HABER se anotarán disminuciones de bienes, disminuciones de derechos e incrementos de obligaciones.

Y para las cuentas que configuran la cuenta de pérdidas y ganancias, las de los grupos 6 y 7, los conceptos constitutivos del debe y haber se pueden definir también de la manera siguiente:

- En el DEBE se anotarán los gastos, movimiento habitual en las cuentas del grupo 6, salvo algunas excepciones.

- En el HABER se anotarán los ingresos, movimiento habitual en la cuentas del grupo 7, salvo algunas excepciones.

## 3.2 LOS CONCEPTOS QUE AFECTAN A LAS CUENTAS

Los distintos conceptos que afectan a las cuentas se pueden resumir en esta lista:

- **ABRIR UNA CUENTA**: Abrir una cuenta consiste en poner un nombre al encabezado y anotar una primera operación ya sea en el debe o en el haber.

- **CARGAR, DEBITAR O ADEUDAR**: acción por la que se anota una partida en el debe de una cuenta.

- **ABONAR, ACREDITAR O DATAR**: acción por la que se anota una partida en el haber de una cuenta.

- **SALDO**: Diferencia entre el debe y el haber.

- **CUENTAS DEUDORAS**: Son las cuentas que tienen saldo deudor, o dicho de otra manera, que el debe es mayor que el haber de la misma.

- **CUENTAS ACREEDORAS**: Son las cuentas que tienen saldo acreedor, o dicho de otra manera, que el haber es mayor que el debe de la cuenta.

- **CERRAR UNA CUENTA**: Es el proceso por el que se calcula la diferencia entre el debe y el haber para hallar su saldo y se anota éste en el lado de menor suma de la cuenta, con lo que la suma del debe y el haber sumarán lo mismo. Este proceso se utiliza para cerrar un ejercicio para hacer el traspaso del saldo a las cuentas del siguiente y para traspasar los saldos de las cuentas 6 y 7 a la 129 y obtener así el resultado del mismo.

Gráficamente, en las cuentas patrimoniales, los movimientos serían los siguientes en función de los distintos conceptos y movimientos:

**CUENTA**

| | | | |
|---|---|---|---|
| Δ | Bienes | ∇ | Bienes |
| Δ | Derechos | ∇ | Derechos |
| ∇ | Obligaciones | Δ | Obligaciones |
| Σ | SALDO DEUDOR | Σ | SALDO ACREEDOR |

Si este mismo esquema se quiere aplicar a las cuentas de ingresos y gastos, las de los grupos 6 y 7 respectivamente, sería el siguiente:

**CUENTA**

| | | | |
|---|---|---|---|
| Δ | Gastos | Δ | Ingresos |
| ∇ | Devoluciones | ∇ | Devoluciones |
| Σ | SALDO DEUDOR | Σ | SALDO ACREEDOR |

## 3.3 LA PARTIDA DOBLE

La partida doble, como método de contabilización, está poniendo de manifiesto que en cualquier operación o transacción que realiza la empresa hay un intercambio. Este intercambio implica un incremento de activo contra un incremento de pasivo y viceversa.

Por tanto, toda partida debe tener en frente una o varias contrapartidas. Valga para ello algunos ejemplos, repasando algunos a pesar de que ya se han visto en los capítulos anteriores.

- **CONSTITUCIÓN DE LA EMPRESA**: Se constituye el capital contra el desembolso del mismo ingresándolo en el banco. Capital contra bancos. El asiento deberá ser con la anotación en el debe correspondiente al banco y la del haber a la del capital. La del debe implica un incremento de bienes y la del haber un incremento de obligaciones, ya que el capital habrá que devolverlo algún día a los accionistas.

- **COMPRA DE INMOVILIZADO**: El asiento corresponderá a un incremento de bienes en las cuentas de inmovilizado con un movimiento en el haber contra proveedores de inmovilizado, por un incremento de obligaciones, ya que esta factura en algún momento habrá que pagarla. En el momento del pago el nuevo asiento que se hará será en el debe, en la cuenta del proveedor para cancelar la deuda, que corresponderá a un decremento de obligaciones contra bancos por disminución de bienes, en este caso dinero.

- **CONSTITUCIÓN DE UN PRÉSTAMO QUE HA CONCEDIDO UN BANCO**: El asiento será de bancos, por incremento de bienes, por el dinero que llega a causa de este préstamo, contra la deuda que nace por este hecho ya que habrá que devolverlo en algún momento. Parte se contabilizará contra el corto plazo y parte en el largo plazo, pasando de uno a otro cuando la parte del largo se convierta en corto.

- **CONTABILIZACIÓN DE UNA FACTURA DE COMPRA DE MATERIAL**: A pesar de que esta factura no se haya pagado, se contabilizará como gasto, en el debe de una cuenta del grupo 6, contra una anotación en el haber en las cuentas de proveedores, ya que nace una obligación. El asiento en el momento de su pago será con una anotación en el debe de proveedores contra bancos, ya que este pago comportará una disminución de las deudas con una disminución de bienes, en este caso de dinero del banco.

En el punto siguiente como consecuencia de todo lo visto, el lector encontrará a modo de método, una serie de indicaciones que le podrán ayudar a entender la mecánica para su confección.

# 3.4 LA CONFECCIÓN DE LOS ASIENTOS

Como consecuencia de todo lo anterior, las indicaciones que se han de tener en cuenta para la confección de los asientos son las siguientes:

Se anotan en el DEBE:

- En las cuentas de activo cuando aumentan por incrementos de bienes e incremento de derechos.

- En las cuentas de pasivo cuando disminuyen por decremento de obligaciones.

- En las cuentas de compras y gastos cuando se producen éstos.

Se anotan en el HABER:

- En las cuentas de pasivo cuando disminuyen por decremento de bienes y decremento de derechos.

- En las cuentas de pasivo cuando aumentan por incremento de obligaciones.

- En las cuentas de ventas e ingresos cuando se producen éstos.

Por todo ello los asientos pueden reflejar distintas situaciones, entre las que se pueden enumerar:

- Aumento del activo y aumento del pasivo: sería el caso de la compra de una maquinaria a crédito.

- Aumento del activo y disminución del activo: compra de una maquinaria pagando al contado.

- Disminución del pasivo y disminución del activo: pago del crédito concedido por un proveedor de maquinaria, al que se paga la factura.

- Disminución del pasivo y aumento del pasivo: acepto de un efecto a un proveedor al que se le adeudan unas facturas.

- Aumento de gastos y disminución del activo: confección de la nómina y pago de la misma.

- Aumento de gastos y aumento del pasivo: gastos que corresponden al ejercicio pero que se pagarán más adelante.

- Aumento del activo y aumento de ingresos: sería el caso de la venta realizada a un cliente que la pagará más adelante.

- Disminución del pasivo y aumento de ingresos: venta realizada a un proveedor que no la paga porque se descuenta el importe de las facturas que se le adeudan.

## 3.5 EL LIBRO DIARIO Y EL MAYOR

Una vez realizados los distintos asientos, la agrupación de éstos por fechas, por orden cronológico, constituye el **libro diario**. Este libro es obligatorio. Con el objeto de facilitar su ordenación a cada asiento se le asigna un número, en orden correlativo.

El **libro mayor** lo componen todas las cuentas ordenadas por número, con la indicación de los distintos movimientos que ha tenido por orden cronológico, como ya se ha dicho.

Por todo ello, se puede decir que el:

**LIBRO DIARIO**: da la información por orden cronológico de todos los asientos realizados día a día, plasmando cada hecho contable según las cuentas que hayan intervenido y su relación con éste.

**LIBRO MAYOR**: da la información de los movimientos de cada cuenta por orden cronológico con el fin de poder analizar su evolución a lo largo del periodo.

Como consecuencia de todo ello, si se realiza un listado de todas las cuentas con sus respectivos saldos, la suma de la columna del debe debe coincidir con la suma de la columna del haber. Estas sumas deben coincidir con las sumas del diario. Y también la suma de los saldos deudores debe coincidir con la suma de los saldos acreedores. A esta lista se la denomina balance de comprobación de sumas y saldos.

Esto debe servir de base para la confección del balance de situación y de la cuenta de pérdidas y ganancias, que es el estado que debe dar la situación real de la empresa en un momento determinado.

# 3.6 EL CICLO CONTABLE

Los distintos pasos que se dan para que, partiendo de una situación incial, con la anotación contable de los distintos hechos que hayan sucedido en la empresa, se llegue a una situación final, con su correspondiente balance de situación final del periodo, es la siguiente, de acuerdo con el esquema que está a continuación:

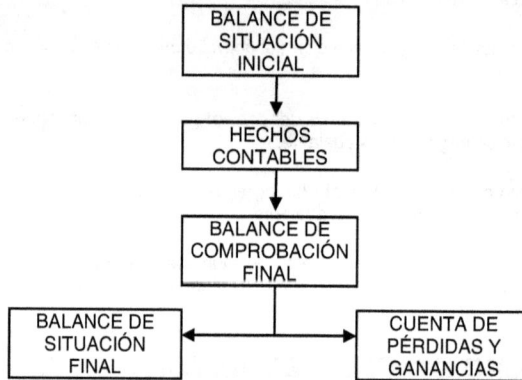

```
          ┌─────────────────┐
          │   BALANCE DE    │
          │   SITUACIÓN     │
          │    INICIAL      │
          └────────┬────────┘
                   ▼
          ┌─────────────────┐
          │     HECHOS      │
          │    CONTABLES    │
          └─────────────────┘
          ┌─────────────────┐
          │   BALANCE DE    │
          │  COMPROBACIÓN   │
          │     FINAL       │
          └─────────────────┘
┌──────────────┐         ┌──────────────┐
│  BALANCE DE  │◄───────►│  CUENTA DE   │
│  SITUACIÓN   │         │  PÉRDIDAS Y  │
│    FINAL     │         │  GANANCIAS   │
└──────────────┘         └──────────────┘
```

Los diferentes hechos contables que se pueden encontrar y que configuran este esquema son los siguientes:

- Asiento de apertura.
- Reflejo de los hechos contables en el diario.
- Traspaso al libro mayor de este diario.
- Asiento de regularización de las cuentas patrimoniales.
- Suma del diario.
- Traspaso al libro mayor de la regularización.
- Balance de comprobación de suma y saldos.
- Regularización de la cuenta de pérdidas y ganancias.
- Asiento de cierre de las cuentas patrimoniales.
- Suma del diario.
- Cierre del libro mayor.

# RESUMEN DEL CAPÍTULO:

Los asientos son las anotaciones de los hechos contables que han sucedido en la empresa.

La sucesión cronológica de los asientos genera el libro diario y estas mismas anotaciones en cada cuenta forman el libro mayor.

Los asientos manifiestan siempre el equilibro que existe en contabilidad entre derechos y obligaciones, que generan ingresos y gastos, cuya diferencia es el beneficio o pérdida de la empresa en un periodo determinado.

La sucesión de los distintos hechos en un periodo es el ciclo contable. No importa que esta anotación se haga a mano o mediante medios informáticos. El resultado debe ser el mismo tanto en el que respecta a documentación como a los importes.

# Capítulo 4

# LA CONSTITUCIÓN DE UNA EMPRESA
...................................................................................

En los capítulos anteriores el lector ha visto en qué consistían los estados contables y qué es lo que debía entender el lector al verlos y la función que tenía el Plan General Contable en todo ello, así como el funcionamiento de las cuentas.

En este capítulo se van a ver los pasos, desde el punto de vista de la contabilidad y siempre a la luz de lo que determina el PGC, que se deben hacer cuando se constituye una sociedad.

## 4.1 SE VA A CONSTITUIR UNA EMPRESA

¿Por qué se constituye una empresa?

Una empresa se constituye porque hay un objeto económico por el que se interesan unos socios y la forma de llevar a cabo la actividad a través de la que alcanzará este objetivo es la creación de la misma.

Está claro por tanto que siempre se deberá tener bien claro que el objetivo será de índole económica. Y los socios por medio de sus participaciones, dan a la empresa que nace los medios para llevarla a cabo.

Este primer paso es la constitución de la empresa: el momento en que los socios interesados en un objetivo le dan los medios para alcanzarlo. Un notario debe dar fe de este acto.

Y desde el punto de vista económico, estos medios que se le dan es lo que se llama capital.

En el capítulo primero se ha explicado la función del capital y a quien se debía. Vale la pena repetirlo de nuevo aquí. El capital lo debe la empresa a sus socios que se lo han dado para que lo haga trabajar. Pero solamente se les devolverá si la empresa finaliza sus actividades y todas sus deudas con terceros se han saldado.

Las cuentas que el PGC tiene establecidas para este objetivo de control de lo que le dan sus socios está en el grupo 1, Financiación Básica y más concretamente, en el subgrupo 10, Capital.

Las subcuentas en que éste se divide a su vez son las siguientes:

10. CAPITAL
    100. Capital social
    101. Fondo social
    102. Capital
    103. Socios por desembolsos no exigidos
        1030. Socios por desembolsos no exigidos, capital social
        1034. Socios por desembolsos no exigidos, capital pendiente de inscripción
    104. Socios por aportaciones no dinerarias pendientes
        1040. Socios por aportaciones no dinerarias pendientes, capital social
        1044. Socios por aportaciones no dinerarias pendientes, capital pendiente de inscripción
    108. Acciones o participaciones propias en situaciones especiales
    109. Acciones o participaciones propias para reducción de capital

Las cuentas 100, 101 y 102 sirven para distinguir el capital de las empresas mercantiles, las entidades sin forma mercantil y las empresas individuales respectivamente.

La cuenta 103 debe responder a la parte de capital que no se ha exigido. El mismo concepto debe reflejar la cuenta 104 pero de las aportaciones no dinerarias. Con un ejemplo quedará más claro.

EJEMPLO:

Unos socios quieren constituir una empresa bajo la forma jurídica de S.A., para lo que aportan 50.000 € a partes iguales, desembolsándolos todos mediante un ingreso en la cuenta del banco que se ha abierto a nombre de la sociedad.

| 572 | Bancos C.C. | 50.000,00 | |
|-----|-------------|-----------|-----------|
| 100 | Capital social | | 50.000,00 |

En el balance figurará un patrimonio, en la columna de la derecha junto con el pasivo, de 50.000 €, mientras que en el activo figurará en bancos los 50.000 € entregados.

El primer análisis de este balance será que la empresa tiene un patrimonio depositado por completo en los bancos:

| ACTIVO: | | PASIVO | |
|---|---|---|---|
| NO CORRIENTE: | | PATRIMONIO NETO | |
| Inmovilizado | | Fondos propios | 50.000,00 |
| Inversiones financieras | | Pérdidas y ganancias | |
| | | PASIVO NO CORRIENTE: | |
| CORRIENTE: | | Deudas a largo plazo | |
| Existencias | | | |
| Deudores comerciales | | PASIVO CORRIENTE: | |
| Bancos | 50.000,00 | Deudas a corto plazo | |
| TOTAL ACTIVO: | 50.000,00 | TOTAL PASIVO: | 50.000,00 |

EJEMPLO:

Pero la ley permite que el desembolso se pueda hacer por partes. En el ejemplo anterior podría darse el caso de que se desembolsasen inicialmente 30.000 €, dejando los otros 20.000 € para más adelante. El asiento sería:

| 572 | Bancos C.C. | 30.000,00 | |
|---|---|---|---|
| 100 | Capital social | | 50.000,00 |
| 103 | Socios por desembolsos no exigidos | 20.000,00 | |

En este caso, el balance tomaría la forma siguiente:

| ACTIVO: | | PASIVO | |
|---|---|---|---|
| NO CORRIENTE: | | PATRIMONIO NETO | |
| Inmovilizado | | Fondos propios | 30.000,00 |
| Inversiones financieras | | Pérdidas y ganancias | |
| | | PASIVO NO CORRIENTE: | |
| CORRIENTE: | | Deudas a largo plazo | |
| Existencias | | | |
| Deudores comerciales | | PASIVO CORRIENTE: | |
| Bancos | 30.000,00 | Deudas a corto plazo | |
| TOTAL ACTIVO: | 30.000,00 | TOTAL PASIVO: | 30.000,00 |

Entrando en el detalle de los fondos propios se vería que si bien se ha escriturado un capital de 50.000 €, sólo se han desembolsado 30.000 € y no se han exigido aún los otros 20.000 €.

A pesar de estar en la más completa legalidad, el balance nos está diciendo que la sociedad a pesar de que en la escritura de constitución se diga que su capital es de 50.000 €, realmente es fuerte por 30.000 €, ya que los socios le adeudan aún el resto, 20.000 €.

Uno de los objetivos que persigue el PGC es el de que las cuentas anuales den la imagen fiel de la situación de la empresa. Ya lo indica en la primera parte, al definir en el marco conceptual de la contabilidad el objetivo de las cuentas anuales:

*"PRIMERA PARTE. MARCO CONCEPTUAL DE LA CONTABILIDAD*

*1.° Cuentas anuales. Imagen fiel*

Las cuentas anuales de una empresa comprenden el balance, la cuenta de pérdidas y ganancias, el estado de cambios en el patrimonio neto, el estado de flujos de efectivo y la memoria. Estos documentos forman una unidad. No obstante, el estado de flujos de efectivo no será obligatorio para las empresas que puedan formular balance, estado de cambios en el patrimonio neto y memoria abreviados. Las cuentas anuales deben redactarse con claridad, de forma que la información suministrada sea comprensible y útil para los usuarios al tomar sus decisiones económicas, **debiendo mostrar la imagen fiel del patrimonio, de la situación financiera y de los resultados de la empresa, de conformidad con las disposiciones legales**. La aplicación sistemática y regular de los requisitos, principios y criterios contables incluidos en los apartados siguientes deberá conducir a que las cuentas anuales muestren la imagen fiel del patrimonio, de la situación financiera y de los resultados de la empresa. A tal efecto, en la contabilización de las operaciones se atenderá a su realidad económica y no sólo a su forma jurídica. Cuando se considere que el cumplimiento de los requisitos, principios y criterios contables incluidos en este Plan General de Contabilidad no sea suficiente para mostrar la mencionada imagen fiel, se suministrarán en la memoria las informaciones complementarias precisas para alcanzar este objetivo".

# 4.2 OTRAS CUENTAS DEL GRUPO 1

El grupo 1 del PGC tiene otros grupos de cuentas. Algunos de ellos figuran en el patrimonio neto y otros ya pasan a formar parte del pasivo. A continuación se van a ver las cuentas que constituyen parte del patrimonio neto.

- 11. RESERVAS Y OTROS INSTRUMENTOS DE PATRIMONIO
  - 110. Prima de emisión o asunción
  - 111. Otros instrumentos de patrimonio neto
    - 1110. Patrimonio neto por emisión de instrumentos financieros compuestos
    - 1111. Resto de instrumentos de patrimonio neto
  - 112. Reserva legal
  - 113. Reservas voluntarias
  - 114. Reservas especiales
    - 1140. Reservas para acciones o participaciones de la sociedad dominante
    - 1141. Reservas estatutarias
    - 1142. Reserva por capital amortizado
    - 1143. Reserva por fondo de comercio
    - 1144. Reservas por acciones propias aceptadas en garantía
  - 115. Reservas por pérdidas y ganancias actuariales y otros ajustes
  - 118. Aportaciones de socios o propietarios
  - 119. Diferencias por ajuste del capital a euros

- 12. RESULTADOS PENDIENTES DE APLICACIÓN
  - 120. Remanente
  - 121. Resultados negativos de ejercicios anteriores
  - 129. Resultado del ejercicio

- 13. SUBVENCIONES, DONACIONES Y AJUSTES POR CAMBIOS DE VALOR
  - 130. Subvenciones oficiales de capital

131. Donaciones y legados de capital
132. Otras subvenciones, donaciones y legados
133. Ajustes por valoración en activos financieros disponibles para la venta
134. Operaciones de cobertura
    1340. Cobertura de flujos de efectivo
    1341. Cobertura de una inversión neta en un negocio en el extranjero
135. Diferencias de conversión
136. Ajustes por valoración en activos no corrientes y grupos enajenables de elementos, mantenidos para la venta
137. Ingresos fiscales a distribuir en varios ejercicios
    1370. Ingresos fiscales por diferencias permanentes a distribuir en varios ejercicios
    1371. Ingresos fiscales por deducciones y bonificaciones a distribuir en varios ejercicios

El grupo 11 lo constituyen las reservas. Las reservas son los beneficios que se han generado por la sociedad y que los accionistas han decidido que se queden en la empresa. Esta decisión puede ser por imperativo legal, por imperativo estatutario fijado en la escritura de constitución de la empresa o voluntariamente. El incremento de las reservas hace que la empresa sea más fuerte y por este motivo figura dentro del epígrafe A1, Fondos propios del balance dentro del Patrimonio neto.

De la misma manera el grupo 12, en el que figuran los resultados pendientes de aplicación, sean estos beneficios o pérdidas. Si son lo segundo, disminuyen los fondos propios mientras que si son lo primero, hace que éstos aumenten, a la espera de que pasen total o parcialmente a reservas. Valga recordar que este momento se produce porque la decisión la toma la Junta General de accionistas, en el caso de que la sociedad tenga la forma jurídica de S.A., como prerrogativa de la Junta General Ordinaria. De forma parecida será si la sociedad es una sociedad mercantil de otro tipo.

Otros conceptos que también contribuyen al patrimonio neto son las cantidades que haya recibido la sociedad en concepto de subvenciones y donaciones. Estas subvenciones y donaciones se deberán imputar a la cuentas de pérdidas y ganancias de acuerdo con la finalidad con la que se han concedido. El propio PGC les destina toda la norma de valoración núm 18, indicando los criterios de imputación:

*"A efectos de su imputación en la cuenta de pérdidas y ganancias, habrá que distinguir entre los siguientes tipos de subvenciones, donaciones y legados:*

a) *Cuando se concedan para asegurar una rentabilidad mínima o compensar los déficit de explotación: se imputarán como ingresos del ejercicio en el que se concedan, salvo si se destinan a financiar déficit de explotación de ejercicios futuros, en cuyo caso se imputarán en dichos ejercicios.*

b) *Cuando se concedan para financiar gastos específicos: se imputarán como ingresos en el mismo ejercicio en el que se devenguen los gastos que estén financiando.*

c) *Cuando se concedan para adquirir activos o cancelar pasivos, se pueden distinguir los siguientes casos:*

- *Activos del inmovilizado intangible, material e inversiones inmobiliarias: se imputarán como ingresos del ejercicio en proporción a la dotación a la amortización efectuada en ese periodo para los citados elementos o, en su caso, cuando se produzca su enajenación, corrección valorativa por deterioro o baja en balance.*

- *Existencias que no se obtengan como consecuencia de un rappel comercial: se imputarán como ingresos del ejercicio en que se produzca su enajenación, corrección valorativa por deterioro o baja en balance.*

- *Activos financieros: se imputarán como ingresos del ejercicio en el que se produzca su enajenación, corrección valorativa por deterioro o baja en balance.*

- *Cancelación de deudas: se imputarán como ingresos del ejercicio en que se produzca dicha cancelación, salvo cuando se otorguen en relación con una financiación específica, en cuyo caso la imputación se realizará en función del elemento financiado".*

Si su imputación se realiza por completo en el mismo ejercicio, figurará en éste como un mayor ingreso que compensará normalmente un gasto que será por el que se ha concedido.

Pero si se debe temporizar por sobrepasar un ejercicio, su imputación debe realizar de acuerdo con la misma temporalización de la amortización que corresponda al inmovilizado objeto de dicha subvención.

## 4.3 RESTO DE CUENTAS DEL GRUPO 1

Hasta aquí se han visto las cuentas del grupo 10, 11, 12 y 13 que configuraban de una manera u otra el Patrimonio Neto.

¿Y el resto de cuentas?

14. PROVISIONES
    140. Provisión por retribuciones a largo plazo al personal
    141. Provisión para impuestos
    142. Provisión para otras responsabilidades
    143. Provisión por desmantelamiento, retiro o rehabilitación del inmovilizado
    145. Provisión para actuaciones medioambientales
    146. Provisión para reestructuraciones
    147. Provisión por transacciones con pagos basados en instrumentos de patrimonio

15. DEUDAS A LARGO PLAZO CON CARACTERÍSTICAS ESPECIALES
    150. Acciones o participaciones a largo plazo consideradas como pasivos financieros
    153. Desembolsos no exigidos por acciones o participaciones consideradas como pasivos financieros
    154. Aportaciones no dinerarias pendientes por acciones o participaciones consideradas como pasivos financieros

16. DEUDAS A LARGO PLAZO CON PARTES VINCULADAS
   160. Deudas a largo plazo con entidades de crédito vinculadas
   1603. Deudas a largo plazo con entidades de crédito, empresas del grupo
   161. Proveedores de inmovilizado a largo plazo, partes vinculadas
   162. Acreedores por arrendamiento financiero a largo plazo, partes vinculadas
   163. Otras deudas a largo plazo con partes vinculadas

17. DEUDAS A LARGO PLAZO POR PRÉSTAMOS RECIBIDOS, EMPRÉSTITOS Y OTROS CONCEPTOS
   170. Deudas a largo plazo con entidades de crédito
   171. Deudas a largo plazo
   172. Deudas a largo plazo transformables en subvenciones, donaciones y legados
   173. Proveedores de inmovilizado a largo plazo
   174. Acreedores por arrendamiento financiero a largo plazo
   175. Efectos a pagar a largo plazo
   176. Pasivos por derivados financieros a largo plazo
   177. Obligaciones y bonos
   178. Obligaciones y bonos convertibles
   179. Deudas representadas en otros valores negociables

18. PASIVOS POR FIANZAS, GARANTÍAS Y OTROS CONCEPTOS A LARGO PLAZO
   180. Fianzas recibidas a largo plazo
   181. Anticipos recibidos por ventas o prestaciones de servicios a largo plazo
   185. Depósitos recibidos a largo plazo
   189. Garantías financieras a largo plazo

19. SITUACIONES TRANSITORIAS DE FINANCIACIÓN
   190. Acciones o participaciones emitidas
   192. Suscriptores de acciones
   194. Capital emitido pendiente de inscripción
   195. Acciones o participaciones emitidas consideradas como pasivos financieros
   197. Suscriptores de acciones consideradas como pasivos financieros
   199. Acciones o participaciones emitidas consideradas como pasivos financieros pendientes de inscripción.

Todas las cuentas que figuran en los grupos 14, 15, 16, 17, 18 y 19 figuran en el pasivo no corriente.

¿Cuál es su significado desde el punto de vista del balance? Estas cuentas indican al que analiza el balance, ya sea desde dentro de la empresa, gerente, consejero delegado o director financiero, o externo, la forma con la que la empresa se ha financiado y que se han transformado en deudas a largo plazo.

Así, el grupo 14 serán deudas que excenden del corto plazo, de las que se ha hecho una estimación porque se desconoce el importe exacto y/o su vencimiento, del que sólo se sabe que excede el año. ¿De dónde se toma la financiación? De los beneficios del ejercicio ya que se contabilizarán como gastos que no se convertirán en pagos hasta pasado el año como mínimo.

Los grupos 15, 16 y 17 indicarán la financiación recibida de teceros a largo plazo. El grupo 18 será una financiación por fianzas y depósitos recibidos a largo plazo, mientras que las cuentas del grupo 19 contabilizarán situaciones transitorias de financiación de socios porque sus acciones estan en situaciones especiales.

En este grupo de cuentas que corresponden a la financiación a largo plazo las más utilizadas serán las correspondientes al grupo 17, en cualquiera de sus subgrupos porque en ellas se deberán contabilizar la parte del largo plazo de los préstamos recibidos, arrendamientos financieros, etc.

EJEMPLO:

Una empresa recibe a inicio de año un préstamo de 100.000 €, debiéndolo devolver en tres anualidades: un tercio al final del ejercicio y los otros dos tercios a partes iguales en los dos años siguientes.

| 572 | Bancos C.C. | 100.000,00 | |
| 170 | Deudas a largo plazo con entidades de crédito | | 66.667,00 |
| 520 | Deudas a corto plazo con entidades de crédito | | 33.333,00 |

El ingreso del total del préstamo se ha realizado en el banco contra dos cuentas, una de largo y otra de corto plazo. En la de largo, la 170, figuran los dos plazos de los dos años siguientes al actual. En la cuenta 520, ya que se verá en próximos capítulos, figura el importe que debe pagarse en el corto plazo: el plazo que está dentro del próximo año.

Si se analiza el balance, el importe del préstamo figura por una parte como más importe en el saldo del banco y por otra, aparece en el pasivo: una parte deberá devolverse en el corto plazo, dentro del pasivo corriente, mientras que las otras dos partes se situarán en el pasivo no corriente, debiéndose hacer frente a las mismas en los dos años siguientes al actual.

## RESUMEN DEL CAPÍTULO:

En el grupo 1 de contabilidad se reflejan las cuentas donde aparece la financiación propia de la empresa y también la financiación obtenida de terceros que sea a largo plazo.

Las cuentas donde se refleja la financiación propia son los grupos 10, 11, 12 y 13 que aparecen en el balance de situación dentro del grupo A) Patrimonio Neto. El resto de grupos de cuentas de este grupo se encuentran en el grupo B) Pasivo no corriente.

Estas cuentas indican cómo se financia la actividad de la empresa: ya sea via sus socios a través del capital, o de los beneficios que éstos han dejado en la empresa y finalmente, mediante subvenciones y donaciones obtenidas. Pero también muestran la financiación obtenida de terceros que debe ser devuelta a más de un año.

El destino de esta financiación se deberá buscar en las cuentas que en principio aparecerán en el activo.

# Capítulo 5

# EL INMOVILIZADO

····· ················································ ···················· ········

En el capítulo anterior se han visto las cuentas donde figura la financiación obtenida por la empresa.

En este capítulo se van a ver las cuentas destinatarias en parte de esta financiación. Son las cuentas de inmovilizado.

## 5.1 COMPRA DE MAQUINARIA

El simple hecho de constituir la empresa no asegura que ésta empiece a funcionar. Habrá que ubicarla en algún sitio, habrá que darle los medios para que empiece a funcionar y habrá que comprar algún medio informático para su control.

Todo ello se contabiliza en las cuentas del inmovilizado, dividiéndose en varios grandes grupos: el inmovilizado intangible en el que estará el inmovilizado que contabiliza derechos que se han comprado que permiten realizar una determinada actividad como pueden ser patentes, programas de ordenador, concesiones administrativas, etc...

El siguiente gran grupo es el inmovilizado material: terrenos, construcciones, maquinaria, utillaje, elementos de transporte, ordenadores, etc. Y para acabar, las inversiones financieras como pueden ser las inversiones realizadas en otras empresas, ya sean del grupo o no, etc. También hay cuentas para contabilizar las inmovilizaciones en curso para distinguirlas de las que están ya en uso y también las inmobiliarias.

Para poder dar la imagen fiel del inmovilizado, se encuentran dos grupos en los que se contabiliza el desgaste de éste ya sea debido al paso del tiempo o porque ha sufrido un deterioro: por una parte se encuentran las cuentas en las que se contabiliza la amortización contable del inmovilizado y por la otra, las cuentas donde se contabilizan los deterioros sufridos.

Las cuentas que presenta el PGC para todo ello son las siguientes:

20. INMOVILIZACIONES INTANGIBLES
    200. Investigación
    201. Desarrollo
    202. Concesiones administrativas
    203. Propiedad industrial
    204. Fondo de comercio
    205. Derechos de traspaso
    206. Aplicaciones informáticas
    209. Anticipos para inmovilizaciones intangibles

21. INMOVILIZACIONES MATERIALES
    210. Terrenos y bienes naturales
    211. Construcciones
    212. Instalaciones técnicas
    213. Maquinaria
    214. Utillaje
    215. Otras instalaciones
    216. Mobiliario
    217. Equipos para procesos de información
    218. Elementos de transporte
    219. Otro inmovilizado material

22. INVERSIONES INMOBILIARIAS
    220. Inversiones en terrenos y bienes naturales
    221. Inversiones en construcciones

23. INMOVILIZACIONES MATERIALES EN CURSO
    230. Adaptación de terrenos y bienes naturales
    231. Construcciones en curso
    232. Instalaciones técnicas en montaje
    233. Maquinaria en montaje
    237. Equipos para procesos de información en montaje
    239. Anticipos para inmovilizaciones materiales

24. INVERSIONES FINANCIERAS A LARGO PLAZO EN PARTES VINCULADAS
    240. Participaciones a largo plazo en partes vinculadas
    241. Valores representativos de deuda a largo plazo de partes vinculadas
    249. Desembolsos pendientes sobre participaciones a largo plazo en partes vinculadas

25. OTRAS INVERSIONES FINANCIERAS A LARGO PLAZO
    250. Inversiones financieras a largo plazo en instrumentos de patrimonio
    251. Valores representativos de deuda a largo plazo
    252. Créditos a largo plazo
    253. Créditos a largo plazo por enajenación de inmovilizado
    254. Créditos a largo plazo al personal
    255. Activos por derivados financieros a largo plazo
    257. Derechos de reembolso derivados de contratos de seguro relativos a retribuciones a largo plazo al personal
    258. Imposiciones a largo plazo

259. Desembolsos pendientes sobre participaciones en el patrimonio neto a largo plazo

26. FIANZAS Y DEPÓSITOS CONSTITUIDOS A LARGO PLAZO
    260. Fianzas constituidas a largo plazo
    265. Depósitos constituidos a largo plazo

28. AMORTIZACIÓN ACUMULADA DEL INMOVILIZADO
    280. Amortización acumulada del inmovilizado intangible
    281. Amortización acumulada del inmovilizado material
    282. Amortización acumulada de las inversiones inmobiliarias

29. DETERIORO DE VALOR DE ACTIVOS NO CORRIENTES
    290. Deterioro de valor del inmovilizado intangible
    291. Deterioro de valor del inmovilizado material
    292. Deterioro de valor de las inversiones inmobiliarias
    293. Deterioro de valor de participaciones a largo plazo en partes vinculadas
    294. Deterioro de valor de valores representativos de deuda a largo plazo de partes vinculadas
    295. Deterioro de valor de créditos a largo plazo a partes vinculadas
    297. Deterioro de valor de valores representativos de deuda a largo plazo
    298. Deterioro de valor de créditos a largo plazo

Si en el capítulo anterior se ha visto que al constituir una empresa el capital aportado para este proceso se dejaba en bancos, el siguiente proceso será lógicamente destinar parte de este dinero a la compra de maquinaria para que empiece a funcionar.

EJEMPLO:

La Sociedad que se ha constituido con 50.000 € de capital y que ha desembolsado totalmente compra una máquina para destinarla a la producción. Su coste es de 10.000 €y la paga al contado. El asiento será muy simple:

| 213 | Maquinaria | 10.000,00 | |
|---|---|---|---|
| 572 | Bancos C.C. | | 10.000,00 |

Si después de realizar este asiento, analizásemos el balance de situación, veríamos que quedaría de la manera siguiente:

| ACTIVO: | | PASIVO | |
|---|---|---|---|
| **NO CORRIENTE:** | | **PATRIMONIO NETO** | |
| Inmovilizado | 10.000,00 | Fondos propios | 50.000,00 |
| Inversiones financieras | | Pérdidas y ganancias | |
| | | **PASIVO NO CORRIENTE:** | |
| **CORRIENTE:** | | Deudas a largo plazo | |
| Existencias | | | |
| Deudores comerciales | | **PASIVO CORRIENTE:** | |
| Bancos | 40.000,00 | Deudas a corto plazo | |
| **TOTAL ACTIVO:** | **50.000,00** | **TOTAL PASIVO:** | **50.000,00** |

El análisis del mismo sería muy simple: la empresa se constituyó con 50.000 € que se depositaron en el banco, del que han salido 10.000 € para comprar una máquina que ahora figura en el inmovilizado.

La empresa dispone de un activo de 50.000 € dividido entre los 10.000 € de la maquinaria y los 40.000 € que hay en la tesorería, financiados por el capital que depositaron los socios.

En este ejemplo no se ha incluido el IVA porque ya se verá su funcionamento en capítulos posteriores.

Pero, ¿qué pasaría si en lugar de pagar al contado se pagase a 30 días? Se deben hacer dos asientos. El primero por la compra de la maquinaria registrando una deuda en proveedores. El segundo asiento en el momento del pago al proveedor cancelando dicha deuda.

| 213 | Maquinaria | 10.000,00 | |
|-----|-----------|-----------|-----------|
| 523 | Proveedores de inmovilizado a corto plazo | | 10.000,00 |

El balance en este caso diferirá del anterior, ya que la empresa se financia a costa de un tercero, el proveedor de inmovilizado, mientras que la tesorería permanece igual:

| ACTIVO: | | PASIVO | |
|---------|---|--------|---|
| NO CORRIENTE: | | PATRIMONIO NETO | |
| Inmovilizado | 10.000,00 | Fondos propios | 50.000,00 |
| Inversiones financieras | | Pérdidas y ganancias | |
| | | PASIVO NO CORRIENTE: | |
| CORRIENTE: | | Deudas a largo plazo | |
| Existencias | | | |
| Deudores comerciales | | PASIVO CORRIENTE: | |
| Bancos | 50.000,00 | Deudas a corto plazo | 10.000,00 |
| **TOTAL ACTIVO:** | **60.000,00** | **TOTAL PASIVO:** | **60.000,00** |

Este balance nos indica que las fuentes de financiación son dos: el capital como hasta ahora y una nueva, la que proviene de un tercero. Y lo que financian son el activo compuesto por los 50.000 € de la tesorería y los 10.000 € de la maquinaria.

El asiento del pago de la factura del proveedor de la maquinaria a los 30 días será el siguiente:

| 523 | Proveedores de inmovilizado a corto plazo | 10.000,00 | |
|-----|-------------------------------------------|-----------|-----------|
| 572 | Bancos C.C. | | 10.000,00 |

Una vez realizado este pago el balance quedaría de la manera siguiente, desapareciendo la deuda a corto plazo con la consiguiente disminución de tesorería:

| ACTIVO: | | PASIVO | |
|---|---|---|---|
| NO CORRIENTE: | | PATRIMONIO NETO | |
| Inmovilizado | 10.000,00 | Fondos propios | 50.000,00 |
| Inversiones financieras | | Pérdidas y ganancias | |
| | | PASIVO NO CORRIENTE: | |
| CORRIENTE: | | Deudas a largo plazo | |
| Existencias | | | |
| Deudores comerciales | | PASIVO CORRIENTE: | |
| Bancos | 40.000,00 | Deudas a corto plazo | 0,00 |
| | | | |
| TOTAL ACTIVO: | 50.000,00 | TOTAL PASIVO: | 50.000,00 |

Si el lector compara el balance que se ha analizado una vez realizada la compra del inmovilizado que se ha pagado al contado y éste, verá que es el mismo.

La empresa cancela la deuda con el proveedor, con lo que queda como en el caso del pago al contado con la excepción de que durante 30 días ha dispuesto de una tesorería financiada por un tercero que podría haber destinado a otros usos.

Con este ejemplo sencillo se puede ver que la financiación puede llegar por dos vías: la de los fondos propios y vía terceros, ya sea proveedores ya sea entidades bancarias.

Debe ser el que administra la empresa quien debe utilizar y aprovechar todas las oportunidades de financiación que se le brindan.

## 5.2 LAS AMORTIZACIONES Y LOS DETERIOROS

Por el simple paso del tiempo, el inmovilizado de la empresa tiene un desgaste. Desde el punto de vista contable a este desgaste se le llama amortización del inmovilizado.

La forma de calcularlo es mediante unas tablas que facilita la Administración tributaria en las que se fija para cada tipo un plazo máximo y un porcetanje máximo, lo que se traduce en un periodo mínimo. Dentro de este intervalo debe ser la empresa quien fija el periodo de amortización de cada inmovilizado.

Sin embargo hay otros medios de cálculo del periodo amortizable del inmovilizado: si se ha presentado un plan de amortización especial adaptado al inmovilizado que haya sido aceptado por la propia Administración y si la empresa justifica su importe cada ejercicio.

Los principios a tener en cuenta a la hora de aplicar la amortización son los siguientes:

- La amortización nace por el desgaste producido por la utilización física, por acción del progreso técnico o el simple paso del tiempo.
- El inicio de la amortización será siempre cuando se realice la puesta en marcha de las instalaciones objeto de la misma.

- No se puede cambiar de criterio de amortización una vez iniciada la de un determinado inmovilizado.
- A no ser que se aplique alguno de estos criterios: aplicación de coeficientes, planes especiales de amortización, amortización degresiva o libertad de amortización aprobada por la Administración, deberá justificarse la efectividad de la depreciación.
- Como activos no amortizables serán los terrenos y las inmovilizaciones en curso.
- La base de cálculo de la amortización será siempre el valor contable.
- El requisito básico es que toda amortización debe estar contabilizada.

La base en la que se sustenta la contabilización de la amortización será que se considerará un gasto que no generará nunca un pago. Pero lo que sí que se generará será que parte de beneficio realizado se quede en la empresa por esta misma causa.

El asiento en cualquier caso siempre será el mismo, suponiendo que el inmovilizado que se ha comprado en los asientos anteriores se amortiza linealmente a lo largo de 10 años:

| 681 | Amortización del inmovilizado material | 1.000,00 | |
|-----|----------------------------------------|----------|----------|
| 281 | Amortización acumulada del inmovilizado material | | 1.000,00 |

En este asiento hay que tener en cuenta dos cosas muy importantes: la cuenta 681 pertenece a la cuenta de pérdidas y ganancias. Será el importe que se aplicará como gasto a pesar que nunca originará un pago.

Será el medio por el que parte del beneficio generado por la empresa se quede en ella. Y la otra es que la cuenta 281 que al figurar en el balance dentro del grupo del inmovilizado, al ser de saldo acreedor irá rebajando el valor inicial a medida que se vaya contabilizando la amortización.

En el caso que nos ocupa, el valor neto del inmovilizado será 9.000 € (10.000 – 1.000 de la amortización aplicada), apareciendo la diferencia en las reservas vía la aplicación del beneficio a las mismas si así se decidiese por los accionistas.

Al final de la vida del inmovilizado su valor neto será cero, a pesar de que el bien esté aún en condiciones de producción. A lo largo de cualquier momento de su vida se puede vender a un tercero. Si se vende por encima de su valor neto generará un beneficio y si se vende por debajo, una pérdida.


EJEMPLO:

Al final del quinto año se vende este inmovilizado por valor de 6.000 € ¿Cuál sería el asiento y el beneficio generado? ¿Y si en lugar de 6.000 €, se vende por 4.000 €?

El asiento en el primer caso sería:

| 281 | Amortización acumulada del inmovilizado material | 5.000,00 | |
|-----|--------------------------------------------------|----------|-----------|
| 213 | Maquinaria | | 10.000,00 |

| 572 | Bancos C.C. | 6.000,00 | |
| 771 | Beneficios procedentes del inmovilizado material | | 1.000,00 |

El asiento en el segundo caso sería:

| 281 | Amortización acumulada del inmovilizado material | 5.000,00 | |
| 213 | Maquinaria | | 10.000,00 |
| 572 | Bancos C.C. | 4.000,00 | |
| 671 | Pérdidas procedentes del inmovilizado material | 1.000,00 | |

En ambos asientos se anulan las cuentas de inmovilizado y amortización acumulada y en función del beneficio o pérdida se utiliza una cuenta del grupo 7 o del grupo 6. Como ya se ha visto en capítulos anteriores y se verá en siguientes, la utilización de las cuentas 6 y 7 pertenece a la cuenta de pérdidas y ganancias.

Las cuentas del grupo 29 corresponden a los deterioros producidos sobre el inmovilizado y su utilización es de la misma manera que la que se ha visto para las amortizaciones.

# 5.3 EL RESTO DE CUENTAS DE INMOVILIZADO

Dentro del grupo 2 del PGC existen otras cuentas que tienen un carácter financiero y que se utilizan para la contabilización de inversiones a largo plazo: serían las participaciones tomadas de otras empresas a largo plazo, préstamos concedidos a terceros o a personal de la empresa a largo plazo o también fianzas constituidas por la empresa frente a terceros.

Se asimilan al inmovilizado financiero las deudas de terceros con la empresa, a largo plazo. En el balance figuran en los grupo IV y V del Activo no corriente, mientras que las cuentas de inmovilizado están en los grupos I, II y III de éste.

EJEMPLO:

Se concede a un empleado de la empresa un préstamo a inicio de año de 6.000 €, que devolverá en las pagas de verano y de Navidad pero del ejercicio siguiente.

El asiento sería el siguiente:

| 254 | Créditos a largo plazo al personal | 6.000,00 | |
| 572 | Bancos, C.C. | | 6.000,00 |

En el balance habrá un traspaso de tesorería al inmovilizado financiero. Cuando quede menos de un año, habrá que traspasar este saldo a cuentas de corto plazo, que se verán en próximos capítulos.

## RESUMEN DEL CAPÍTULO:

En las cuentas de inmovilizado la empresa contabiliza todos los medios de producción tanto materiales como intangibles necesarios para llevar a cabo su actividad.

Dentro del inmovilizado hay también las cuentas en las que se contabiliza el desgaste producido por el paso del tiempo, así como otros deterioros. Como este desgaste se contabiliza con saldos acreedores, el resultado entre la cuenta de inmovilizado, cuyo saldo es deudor, y su correspondiente de amortización dará como resultado el valor neto contable de éste.

En el inmovilizado financiero figuran las inversiones realizadas en otras empresas, así como préstamos a las mismas o incluso a personal de la empresa cuyo vencimiento es a largo plazo.

# Capítulo 6

# LAS EXISTENCIAS
........................................................................

En el grupo 3 del PGC se contabiliza el valor de las existencias de la empresa. En este capítulo se va a analizar la operativa que establece el PGC para ello.

Antes de pasar a cualquier otra consideración, hay que tener en cuenta lo siguiente para poderlo comprender correctamente:

- Al iniciar el ejercicio, en estas cuentas de existencias se deberá contabilizar el valor inicial de las mismas, divididas en subgrupos.

- Este valor de las existencias se obtiene mediante el control de las entradas y salidas que debe llevarse extracontablemente: los sistema aceptados son en base al precio medio o coste medio ponderado y al sistema FIFO. El sistema LIFO el PGC no lo acepta.

- Al cerrar el ejercicio se deberá proceder a la regularización de existencias. Este proceso consiste en entrar el valor de las existencias a final del mismo asignando la diferencia entre el saldo inicial y el final a la cuenta de PyG.

- Si las existencias han aumentado, se asignará la diferencia a la cuenta de PyG como un ingreso y si es al revés, como un gasto.

## 6.1 LAS CUENTAS DE EXISTENCIAS

Las cuentas que establece el PGC para la contabilización de las existencias son las siguientes:

30. COMERCIALES
    300. Mercaderías A
    301. Mercaderías B

31. MATERIAS PRIMAS
  310. Materias primas A
  311. Materias primas B

32. OTROS APROVISIONAMIENTOS
  320. Elementos y conjuntos incorporables
  321. Combustibles
  322. Repuestos
  325. Materiales diversos
  326. Embalajes
  327. Envases
  328. Material de oficina

33. PRODUCTOS EN CURSO
  330. Productos en curso A
  331. Productos en curso B

34. PRODUCTOS SEMITERMINADOS
  340. Productos semiterminados A
  341. Productos semiterminados B

35. PRODUCTOS TERMINADOS
  350. Productos terminados A
  351. Productos terminados B

36. SUBPRODUCTOS, RESIDUOS Y MATERIALES RECUPERADOS
  360. Subproductos A
  361. Subproductos B
  365. Residuos A
  366. Residuos B
  368. Materiales recuperados A
  369. Materiales recuperados B

39. DETERIORO DE VALOR DE LAS EXISTENCIAS
  390. Deterioro de valor de las mercaderías
  391. Deterioro de valor de las materias primas
  392. Deterioro de valor de otros aprovisionamientos
  393. Deterioro de valor de los productos en curso
  394. Deterioro de valor de los productos semiterminados
  395. Deterioro de valor de los productos terminados
  396. Deterioro de valor de los subproductos, residuos y materiales recuperados

Como se puede comprobar, las existencias están subdivias en distintos subgrupos para poder contabilizarlas lo más adecudamente posible a su situación.

## 6.2 LOS DISTINTOS SISTEMAS DE CÁLCULO

Los diferentes sistemas de cálculo de las existencias se pueden ver en el ejemplo siguiente:

EJEMPLO:

La empresa ha tenido la siguiente variación de mercaderías:
Día  1 - Existencias iniciales: 10.000 unidades a 5 €.
Día  5 - Compra de 10.000 unidades a 6 € más 500 € de gastos.
Día 10 - Venta de 10.000 unidades a 8 €.
Día 15 - Compra de 20.000 unidades a 7 €.
Día 20 - Venta de 15.000 unidades a 9 €.
Día 25 - Compra de 15.000 unidades a 7 € más 750 € de gastos.

**VALORACIÓN FIFO:**

| DÍA | ENTRADAS UNIDADES | PRECIO | GASTOS | TOTAL | SALIDAS UNIDADES | PRECIO | TOTAL | EXISTENCIAS UNIDADES | PRECIO | TOTAL |
|---|---|---|---|---|---|---|---|---|---|---|
| 1 | | | | | | | | 10.000 | 5 | 50.000 |
| 5 | 10.000 | 6 | 500 | 60.500 | | | | 10.000 | 5 | 50.000 |
| | | | | | | | | 10.000 | 6,05 | 60.500 |
| 10 | | | | | 10.000 | 5 | 50.000 | 10.000 | 6,05 | 60.500 |
| 15 | 20.000 | 7 | | 140.000 | | | | 10.000 | 6,05 | 60.500 |
| | | | | | | | | 20.000 | 7 | 140.000 |
| 20 | | | | | 10.000 | 6,05 | 60.500 | | | |
| | | | | | 5.000 | 7 | 35.000 | 15.000 | 7 | 105.000 |
| 25 | 15.000 | 7 | 750 | 105.750 | | | | 15.000 | 7 | **105.000** |
| | | | | | | | | 15.000 | 7,05 | **105.750** |

**VALORACIÓN LIFO:**

| DÍA | ENTRADAS UNIDADES | PRECIO | GASTOS | TOTAL | SALIDAS UNIDADES | PRECIO | TOTAL | EXISTENCIAS UNIDADES | PRECIO | TOTAL |
|---|---|---|---|---|---|---|---|---|---|---|
| 1 | | | | | | | | 10.000 | 5 | 50.000 |

| 5 | 10.000 | 6 | 500 | 60.500 | | | | 10.000 | 5 | 50.000 |
|---|---|---|---|---|---|---|---|---|---|---|
| | | | | | | | | 10.000 | 6,05 | 60.500 |
| 10 | | | | | 10.000 | 6,5 | 65.000 | 10.000 | 5 | 50.000 |
| 15 | 20.000 | 7 | | 140.000 | | | | 10.000 | 5 | 50.000 |
| | | | | | | | | 20.000 | 7 | 140.000 |
| 20 | | | | | 15.000 | 7 | 105.000 | 10.000 | 5 | 50.000 |
| | | | | | | | | 5.000 | 7 | 35.000 |
| 25 | 15.000 | 7 | 750 | 105.750 | | | | 10.000 | 5 | **50.000** |
| | | | | | | | | 5.000 | 7 | **35.000** |
| | | | | | | | | 15.000 | 7,05 | **105.750** |

**VALORACIÓN PRECIO MEDIO:**

| DÍA | E N T R A D A S | | | | S A L I D A S | | | E X I S T E N C I A S | | |
|---|---|---|---|---|---|---|---|---|---|---|
| | UNIDADES | PRECIO | GASTOS | TOTAL | UNIDADES | PRECIO | TOTAL | UNIDADES | PRECIO | TOTAL |
| 1 | | | | | | | | 10.000 | 5 | 50.000 |
| 5 | 10.000 | 6 | 500 | 60.500 | | | | 20.000 | 5,525 | 110.500 |
| 10 | | | | | 10.000 | 5,525 | 55.250 | 10.000 | 5,525 | 55.250 |
| 15 | 20.000 | 7 | | 140.000 | | | | 30.000 | 6,508 | 195.250 |
| 20 | | | | | 15.000 | 6,508 | 97.625 | 15.000 | 6,508 | 97.625 |
| 25 | 15.000 | 7 | 750 | 105.750 | | | | 30.000 | 6,779 | **203.375** |

Independientemente del sistema de cálculo, el número de piezas no varía de un método a otro, pero lo que sí varía es lógicamente la valoración de las mismas, de acuerdo con el siguiente detalle:

Método FIFO: 30.000 piezas valoradas en 210.750 €.
Método LIFO: 30.000 piezas valoradas en 190.750 €.
Método PRECIO MEDIO: 30.000 piezas valoradas en 203.375 €.

Valga recordar que aunque aquí se ha mostrado el sistema LIFO, el PGC no lo acepta.

# 6.3 LOS ASIENTOS DE CIERRE

Una vez se ha obtenido el valor total de las existencias, ya sea por el método del precio medio o del sistema FIFO, el asiento de cierre será el indicado en el siguiente ejemplo:
EJEMPLO:

La empresa realiza inventario a final de ejercicio y comprueba que la situación es la siguiente:

|  | EXISTENCIAS INICIALES | EXISTENCIAS FINALES |
|---|---|---|
| Mercaderías | 30.000 | 37.000 |
| Envases | 8.000 | 11.000 |
| Productos en curso | 6.000 | 7.000 |
| Productos terminados | 63.000 | 40.000 |
| Residuos | 500 | 100 |
| TOTAL | 107.500 | 95.100 |

El asiento de cierre sería el siguiente:

### 1 Cancelación de las existencias iniciales

| | | | |
|---|---|---|---|
| 610 | Variación de existencias de mercaderías | 30.000,00 | |
| 612 | Variación de existencias de otros aprovisiona-mientos. | 8.000,00 | |
| 710 | Variación de existencias de productos en curso | 6.000,00 | |
| 712 | Variación de existencias de productos termina-dos | 63.000,00 | |
| 713 | Variación de existencias de subproductos | 500,00 | |
| 300 | Mercaderías | | 30.000,00 |
| 327 | Envases | | 8.000,00 |
| 330 | Productos en curso | | 6.000,00 |
| 350 | Productos terminados | | 63.000,00 |
| 365 | Residuos | | 500,00 |

### 2 Contabilización de las existencias finales

| | | | |
|---|---|---|---|
| 300 | Mercaderías | 37.000,00 | |
| 327 | Envases | 11.000,00 | |
| 330 | Productos en curso | 7.000,00 | |
| 350 | Productos terminados | 40.000,00 | |
| 365 | Residuos | 100,00 | |
| 610 | Variación de existencias de mercaderías | | 37.000,00 |
| 612 | Variación de existencias de otros aprovisiona-mientos | | 11.000,00 |
| 710 | Variación de existencias de productos en curso | | 7.000,00 |
| 712 | Variación de existencias de productos termina-dos | | 40.000,00 |
| 713 | Variación de existencias de subproductos | | 100,00 |

La incidencia en la cuenta de Pérdidas y Ganancias en este caso será de una pérdida de 12.400,00 €. Esta diferencia se encuentra entre el valor de las existencias iniciales y las finales (107.500,00 – 95.100,00).

# 6.4 LAS CUENTAS DE DETERIORO

En el grupo 39 se encuentran las cuentas de deterioro que se deben utilizar para la contabilización de éstos, de forma que la empresa pueda resarcirse si los hubiera habido. La forma será la de aplicar un gasto que en ningún caso implicará un pago, para que de esta manera parte del beneficio generado por la empresa se quede en ella.

La manera de contabilizarlo se puede ver en el ejemplo siguiente:

EJEMPLO:

En la empresa se han detectado, al hacer inventario, los siguientes problemas:

10 lámparas de pie, debido a ser con dibujos infantiles ya pasados de moda, se ofrecen con un 30% de descuento. Su precio es de 150 €.

2 figuras de cristal están rotas, por lo que se venderán por 200 € en lugar de los 550 € que era su precio de venta.

Una lámpara de tela, que por estar en el escaparate se ha decolorado, se ofrece con un 20% de descuento sobre su precio de venta que era de 300 €.

1 figura de porcelana cuyo precio era de 700 €, por estar rota no se podrá vender.

El cálculo del deterioro se puede comprobar en el cuadro siguiente:

**1    Cálculo de la depreciación**

| CANTIDAD | PRECIO | NUEVO PRECIO | DETERIORO | |
|---|---|---|---|---|
| 10 | 150 | 105 | (45 x 10) | 450 |
| 2 | 550 | 200 | (350 x 2) | 700 |
| 1 | 300 | 240 | (60 x 1) | 60 |
| 1 | 700 | 0 | (700 x 1) | 700 |
| **TOTAL DE LA DEPRECIACIÓN:** | | | | **1.910** |

El asiento sería el siguiente:

| 693 | Dotación a la provisión de existencias | 1.910,00 | |
|---|---|---|---|
| 390 | Deterioro del valor de las mercaderías | | 1.910,00 |

**2    Asiento a realizar al cierre del ejercicio**

| 390 | Deterioro de valor de existencias | 1.910,00 | |
|---|---|---|---|
| 793 | Reversión del deterioro de existencias | | 1.910,00 |

Para poder entender el mecanismo de la depreciación junto con los asientos de cierre de fin de ejercicio valga el siguiente ejemplo si se hace abstracción en un almacén que inicia el ejercicio con un valor de 10.000 €, en el que el único movimiento ha sido una depreciación por valor de 1.000 €, cerrando el ejercicio sin ningún otro movimiento de las existencias.

Los asientos en este caso serían:

**1    Inicio del ejercicio en cuenta 300:**                    **10.000,00**

**2    Dotación por depreciación**

| 693 | Pérdidas por deterioro de existencias | 1.000,00 | |
|-----|---------------------------------------|----------|----------|
| 390 | Deterioro de valor de existencias | | 1.000,00 |

**3    Cierre del ejercicio, sin ningún movimiento**

| 610 | Variación de existencias | 10.000,00 | |
|-----|--------------------------|-----------|-----------|
| 300 | Existencias | | 10.000,00 |

| 390 | Deterioro de valor de existencias | 1.000,00 | |
|-----|-----------------------------------|----------|----------|
| 793 | Reversión del deterioro de existencias | | 1.000,00 |

| 300 | Existencias | 9.000,00 | |
|-----|-------------|----------|----------|
| 610 | Variación de existencias | | 9.000,00 |

La cuenta 129 quedará de la siguiente forma

**4    Detalle de la cuenta 129, cuenta de resultados del ejercicio**

| 693 | Pérdidas por deterioro de existencias | 1.000,00 | |
|-----|---------------------------------------|-----------|-----------|
| 610 | Variación de existencias | 10.000,00 | |
| 793 | Reversión del deterioro de existencias | | 1.000,00 |
| 610 | Variación de existencias | | 9.000,00 |
| | TOTALES | 11.000,00 | 10.000,00 |

De esta forma en la cuenta de resultados de ejercicio aparecen como gasto únicamente los 1.000 € de la depreciación. Y en la cuenta 300 de existencias, los 9.000 € del nuevo saldo de las existencias.

# RESUMEN DEL CAPÍTULO:

En las cuentas de existencias la empresa contabiliza el valor de las existencias de acuerdo con los métodos que establece el PGC. El ajuste normalmente se realiza una vez al finalizar el ejercicio.

El control de las existencias debe llevarse mediante un sistema extracontable, siendo los diferentes métodos aceptados por el PGC el del coste medio ponderado o el sistema FIFO.

En el mismo grupo de las existencias hay las cuentas destinadas a la contabilización de los deterioros que hayan sufrido éstas.

# Capítulo 7

# ACREEDORES Y DEUDORES POR OPERACIONES COMERCIALES

En los capítulos precedentes se han visto, a nivel de cuentas, las del grupo 1 en el que hay las que afectan directamente a la contabilización de partidas del patrimonio neto y otras que afectan a la financiación recibida de terceros a largo plazo. También las del grupo 2 en las que se contabilizan las partidas del inmovilizado así como deudas de terceros con la empresa a largo plazo. Y finalmente el grupo 3 donde se contabilizan las existencias.

El grupo 1 se encuentra en el balance de situación en la gran columna del Pasivo, la columna de la derecha, entre el patrimonio neto y el pasivo no corriente. El grupo 2 y el grupo 3 se encuentran en el activo, dentro del activo no corriente el primero y el activo corriente el segundo.

En este capítulo se van a analizar las cuentas del grupo 4 en el que coexisten cuentas de proveedores y acreedores con las de clientes y otros deudores. Ya sean de un tipo u otro, figuran en el subgrupo de corriente del pasivo y del activo respectivamente.

No hay que olvidar que dentro de este grupo están también las cuentas que afectan a las Administraciones públicas: Hacienda Pública, Seguridad Social, etc.

## 7.1 LAS CUENTAS DE PROVEEDORES Y CLIENTES

Las cuentas que figuran en este grupo son las siguientes:

40. PROVEEDORES
  - 400. Proveedores
  - 401. Proveedores, efectos comerciales a pagar
  - 403. Proveedores, empresas del grupo
  - 404. Proveedores, empresas asociadas
  - 405. Proveedores, otras partes vinculadas

406. Envases y embalajes a devolver a proveedores
407. Anticipos a proveedores

## 41. ACREEDORES VARIOS
410. Acreedores por prestaciones de servicios
411. Acreedores, efectos comerciales a pagar
419. Acreedores por operaciones en común

## 43. CLIENTES
430. Clientes
431. Clientes, efectos comerciales a cobrar
432. Clientes, operaciones de "factoring"
433. Clientes, empresas del grupo
434. Clientes, empresas asociadas
435. Clientes, otras partes vinculadas
436. Clientes de dudoso cobro
437. Envases y embalajes a devolver por clientes
438. Anticipos de clientes

## 44. DEUDORES VARIOS
440. Deudores
441. Deudores, efectos comerciales a cobrar
446. Deudores de dudoso cobro
449. Deudores por operaciones en común

## 46. PERSONAL
460. Anticipos de remuneraciones
465. Remuneraciones pendientes de pago
466. Remuneraciones mediante sistemas de aportación definida pendientes de pago

## 47. ADMINISTRACIONES PÚBLICAS
470. Hacienda Pública, deudora por diversos conceptos
471. Organismos de la Seguridad Social, deudores
472. Hacienda Pública, IVA soportado
473. Hacienda Pública, retenciones y pagos a cuenta
474. Activos por impuesto diferido
475. Hacienda Pública, acreedora por conceptos fiscales
476. Organismos de la Seguridad Social, acreedores
477. Hacienda Pública, IVA repercutido
479. Pasivos por diferencias temporarias imponibles

## 48. AJUSTES POR PERIODIFICACIÓN
480. Gastos anticipados
485. Ingresos anticipados

## 49. DETERIORO DE VALOR DE CRÉDITOS COMERCIALES Y PROVISIONES A CORTO PLAZO
490. Deterioro de valor de créditos por operaciones comerciales
493. Deterioro de valor de créditos por operaciones comerciales con partes vinculadas
499. Provisiones por operaciones comerciales

Como se puede ver, aquí conviven cuentas que figuran en el activo y en el pasivo con un denominador común que es el corto plazo.

# 7.2 LAS FACTURAS DE PROVEEDORES Y CLIENTES

La contabilización de las facturas recibidas de proveedores y las emitidas a clientes tienen un funcionamiento muy parecido pero de signo contrario. La mecánica es, salvando los signos, deudor o acreedor, la misma: recibida o emitida una factura se contabiliza contra proveedores o clientes teniendo en cuenta el IVA. Una vez emitido el pago o recibido el cobro, se cancelará el saldo del proveedor o cliente contra bancos.

Los ejemplos que están a continuación muestran esta mecánica.

EJEMPLO:

La empresa recibe una factura por la compra de existencias por valor de 1.000 €, más el 18% de IVA, que pagará mediante transferencia a 60 días.

El asiento de la recepción de la factura será el siguiente:

| 600 | Compras de mercaderías | 1.000,00 | |
|-----|------------------------|----------|----------|
| 472 | Hacienda Pública, IVA soportado | 180,00 | |
| 400 | Proveedores | | 1.180,00 |

El asiento que habría que hacer el día del pago sería el siguiente:

| 400 | Proveedores | 1.180,00 | |
|-----|-------------|----------|----------|
| 572 | Bancos C.C. | | 1.180,00 |

A la vista de este ejemplo hay que tener muy presente que el gasto se produce en el momento de la recepción de la factura. No en el momento del pago. Es por este motivo que en el asiento de la recepción de la factura ya se ha utilizado la cuenta 600.

En el momento del pago lo único que se realiza con el asiento es cancelar una deuda que tiene la empresa con el proveedor desprendiéndose de una parte de su tesorería.

Esta misma mecánica con signo opuesto es el que se utilizará para la contabilización de una factura emitida a un cliente.

EJEMPLO:

La empresa emite una factura por una venta por valor de 2.000 €, más el 18% de IVA, que se cobrará mediante transferencia a 60 días.

El asiento de la emisión de la factura será el siguiente:

| 430 | Clientes | 2.360,00 | |
|-----|----------|----------|-----------|
| 477 | Hacienda Pública, IVA repercutido | | 360,00 |
| 700 | Ventas de mercaderías | | 2.000,00 |

El asiento que habría que hacer el día del cobro sería el siguiente:

| 572 | Bancos C.C. | 2.360,00 | |
|-----|-------------|----------|----------|
| 430 | Clientes | | 2.360,00 |

Al igual que en el ejemplo anterior, en este caso la venta ya se ha contabilizado en el momento de la emisión de la factura, independientemente del momento en que ésta se cobre.

Las consecuencias son muy importantes, ya que a pesar de que la empresa no haya ni pagado la factura recibida ni haya cobrado la factura emitida, si se realizase un cierre del ejercicio, el beneficio sería de 1.000 €, resultado de la diferencia entre las cuentas 700, 2.000 €, y la 600, 1.000 €.

¿Cómo puede ser esto posible? La contabilidad lo que nos está diciendo es que con este beneficio que se ha generado se está financiando al cliente. El proveedor financia una parte, los 1.000 € de su factura y el beneficio de la empresa el resto, los otros 1.000 €.

Cuando el cliente pague, la empresa se quedará con su beneficio y cancelará la deuda que tiene con el proveedor.

La consecuencia más importante que se puede extraer es que tan importante para cualquier empresa es vender como cobrar. Y si esto último no se produce por ineficiencia o porque el cliente no puede pagar, se van a producir desequilibrios en la empresa que deberá recurrir a financiación propia, si la tiene, o de terceros, para mantener el equilibrio.

El resto de cuentas de los grupos 40, 41, 43 y 44 sirven para ir mostrando en todo momento la situación en las que se encuentran los distintos saldos de proveedores o clientes. Sería el caso, por ejemplo, de que el cliente en lugar de pagar por transferencia emitiese un pagaré a 180 días. Por este motivo se haría un traspaso de saldo de la cuenta 430, clientes, a la 431, Clientes, efectos comerciales a cobrar.

# 7.3 LAS CUENTAS DE PERSONAL

Dentro de este grupo 4 existe el subgrupo 46 donde se contabilizan saldos relacionados con el personal de la empresa. Situaciones como anticipos solicitados por el personal que devolverá a corto plazo o emisión de nóminas que se van a pagar en breve.

Como la mejor explicación es la que proviene de un ejemplo sencillo, a continuación se van a ver estas dos situaciones:

EJEMPLO:

Un trabajador de la empresa AAA, S.A. pide un anticipo de 3.000 € sobre la nómina, que se le concede.

A fin de mes se le compensa al pagar los sueldos. El total de la nómina asciende a 68.000 €, siendo 12.800 € la Seguridad Social correspondiente a la empresa y 1.800 € la de la parte trabajadora. La retención por IRPF asciende a 5.500 €. Solo se paga la mitad de la nómina. La otra mitad queda pendiente de pago.

Los asientos de estos dos momentos son los siguientes:

**1    Anticipo pagado al trabajador**

| | | | |
|---|---|---|---|
| 460 | Anticipos sobre remuneraciones | 3.000,00 | |
| 572 | Bancos c/c | | 3.000,00 |

**2    Asientos correspondientes a la nómina**

| | | | |
|---|---|---|---|
| 640 | Sueldos y salarios | 68.000,00 | |
| 642 | Seguridad Social a cargo de la empresa | 12.800,00 | |
| 476 | Organismos de la Seguridad Social acreedores | | 14.600,00 |
| 4751 | HP acreedora por retenciones practicadas | | 5.500,00 |
| 460 | Anticipos de remuneraciones | | 3.000,00 |
| 572 | Bancos c/c | | 27.350,00 |
| 465 | Remuneraciones pendientes de pago | | 30.350,00 |

| | |
|---|---|
| Sueldos y salarios | 68.000,00 |
| - IRPF | 5.500,00 |
| - S.S. trabajadores | 1.800,00 |
| **TOTAL** | **60.700,00** |

En dos plazos,
el primero de  30.350 - 3.000 (anticipo)  =        27.350,00
y otro de:                                          30.350,00

**3    Pago de la S.S. al fin de mes siguiente**

| | | | |
|---|---|---|---|
| 476 | Organismos de la Seguridad Social acreedores | 14.600,00 | |
| 572 | Bancos c/c | | 14.600,00 |

**4    Pago del IRPF al fin de trimestre**

| | | | |
|---|---|---|---|
| 4751 | H.P. acreedora por retenciones practicadas | 5.500,00 | |
| 572 | Bancos c/c | | 5.500,00 |

**5    Pago de las remuneraciones pendientes**

| | | | |
|---|---|---|---|
| 465 | Remuneraciones pendientes de pago | 30.350,00 | |
| 572 | Bancos c/c | | 30.350,00 |

El asiento del anticipo es simple ya que es un traspaso de la tesorería a una deuda que tiene el trabajador con la empresa. Es un traspaso de activos.

En cuanto a la generación de la nómina valga recordar lo que ya se ha visto al contabilizar las facturas de proveedores: la confección de la nómina a fin de mes genera en contabilidad un gasto a pesar de que no se haya pagado e independiente de cuando se realice éste. El derecho de cobro de su nómina por parte del personal hace nacer un pasivo que se cancelará en el momento del pago.

Y de la misma manera con las cuentas correspondientes a la Administración, sea Hacienda o la Seguridad Social. Se genera una deuda incluida en el bruto de la nómina que se paga en los meses siguientes, según sea el tipo de deuda, que se cancela en el momento del pago.

# 7.4 LAS CUENTAS CON LA ADMINISTRACIÓN

En los ejemplos vistos en los puntos anteriores ya han aparecido las cuentas en las que se contabilizan los saldos deudores o acreedores con la Administración.

En el punto 6.2 se han utilizado las cuentas de IVA soportado y repercutido. En los veinte días siguientes a la finalización del trimestre habrá que pasar cuentas por este concepto con Hacienda. En este caso los asientos serían:

| 477 | Hacienda Pública, IVA repercutido | 360,00 | |
| 472 | Hacienda Pública, IVA soportado | | 180,00 |
| 4750 | Hacienda Pública, acreedora por IVA | | 180,00 |

En este primer asiento se cancelan las cuentas 472 y 477 contra la cuenta 4750. En el momento del pago el asiento será el siguiente:

| 4750 | Hacienda Pública, acreedora por IVA | 180,00 | |
| 572 | Bancos C.C. | | 180,00 |

Si por cualquier motivo, si el saldo en lugar de ser acreedor fuese deudor, se utilizaría la cuenta 4700 que se cancelaría con el saldo resultante del trimestre siguiente, a no ser que fuese el de final de ejercicio, con lo que se procedería a solicitar la devolución a Hacienda.

Las cuentas que afectan a la Seguridad Social o a las retenciones practicadas ya se han visto en el ejemplo del punto 6.3 anterior.

Para finalizar solo falta ver la utilización de las cuentas que corresponden al Impuesto de sociedades. Lo primero que habrá que hacer será calcularlo, y en el momento del pago o del cobro según sea la cuota, cancelarlo mediante el asiento correspondiente.

EJEMPLO:

La empresa ha tenido un resultado contable de 60.000 €. En este resultado no se han incluido 10.000 € correspondientes al 100% de la amortización de una máquina por haberse acogido a la libertad de amortización prevista en el mismo impuesto.

El cálculo del impuesto y su liquidación y los asientos correspondientes son los siguientes:

**1    Cálculo de la base**

|  | Resultado económico: | 60.000 | |
|---|---|---|---|
|  | Impuesto 25% | 15.000 | |
|  | Base imponible: | 60.000 - 10.000 = 50.000 | |
|  | Impuesto 25% | 12.500 | |
| 630 | Impuesto sobre beneficios | 15.000,00 | |
| 479 | Pasivos por diferencias temporales imponibles | | 2.500,00 |
| 4752 | Hacienda Pública, acreedora por impuesto de sociedades | | 12.500,00 |

**2    Pago del I.S.**

| 4752 | Hacienda Pública, acreedora por impuesto de sociedades | 12.500,00 | |
|---|---|---|---|
| 572 | Bancos C.C. | | 12.500,00 |

En la cuenta 479 se han contabilizado los 2.500 € que se pagarán a la Hacienda Pública en los próximos ejercicios. A través de la amortización acelerada se ha permitido dejar de pagar el Impuesto de Sociedades para realizarlo en próximos ejercicios a coste cero, o lo que es lo mismo, se ha diferido en el tiempo.

# 7.5 PERIODIFICACIONES Y DETERIOROS

Para acabar con las cuentas del grupo 4 sólo quedan por ver las correspondientes a periodificaciones y las cuentas en las que se contabilizarán deterioros de créditos comerciales.

En el grupo de cuentas de las periodificaciones se contabilizarán aquellos ingresos o pagos que se han realizado en el ejercicio pero que corresponden en parte o completamente a otro ejercicio.

EJEMPLO:

La empresa el día 1 de octubre pagó 24.000 € en concepto de alquiler de la nave que tiene alquilada correspondiente a los próximos 12 meses.

En este caso habrá que cargar como gasto en el ejercicio actual la parte correspondiente a tres meses, dejando para el próximo el importe del resto de meses. El asiento será el siguiente:

**1    Pago del alquiler**

| 480 | Gastos anticipados | 24.000,00 | |
|---|---|---|---|
| 472 | IVA soportado | 4.320,00 | |
| 572 | Bancos c/c | | 28.320,00 |

**2    Cargo en el ejercicio que se cierra al 31 de diciembre**

| 621 | Arrendamientos y cánones | 6.000,00 | |
|-----|--------------------------|----------|----------|
| 480 | Gastos anticipados | | 6.000,00 |

**3    Cargo en el ejercicio siguiente el día 1 de enero**

| 621 | Arrendamientos y cánones | 18.000,00 | |
|-----|--------------------------|-----------|-----------|
| 480 | Gastos anticipados | | 18.000,00 |

En este grupo se contemplan también los deterioros sobre créditos a clientes. La contabilización de los que se esperan de créditos comerciales es de la forma siguiente:

EJEMPLO:

La empresa frente a las posibles devoluciones de ventas decide establecer una provisión de 80.000 €. Al cabo de un tiempo, al cerrarse definitivamente toda la operación, cancela la provisión.

El asiento de contabilización y el de su cancelación son los siguientes:

**1    Establecimiento de la provisión**

| 695 | Dotación a la provisión por operaciones comerciales | 80.000,00 | |
|-----|------------------------------------------------------|-----------|-----------|
| 499 | Provisión para operaciones comerciales | | 80.000,00 |

**2    Cancelación de la provisión**

| 499 | Provisión para operaciones comerciales | 80.000,00 | |
|------|-----------------------------------------------------|-----------|-----------|
| 7954 | Exceso de provisiones por operaciones comerciales | | 80.000,00 |

Las cuentas de periodificaciones se utilizarán para poder repartir un pago o un cobro en la parte que le corresponde de gasto o ingreso de cada ejercicio que se vea afectado.

Mientras que las cuentas de deterioros, al igual que sus homólogas de otros grupos, corresponderán a detrimentos sobre éstos de forma que la empresa se compensará mediante la contabilización de un gasto que no comportará ningún pago.

## RESUMEN DEL CAPÍTULO:

Dentro del grupo 4 se encuentran cuentas que afectan tanto al activo como al pasivo por operaciones comerciales a corto plazo: proveedores y acreedores, clientes y deudores.

También todas las cuentas en las que se contabilizan las operaciones con las administraciones públicas: Seguridad Social, Hacienda Pública y otras administraciones.

También hay el grupo de cuentas con las que la empresa contabiliza las operaciones con el personal, lleva el control de las periodificaciones de ingresos y gastos y de distintos deterioros sobre los créditos comerciales.

Al igual que en otros grupos existen cuentas en las que la empresa contabiliza posibles deterioros de créditos comerciales.

# Capítulo 8

# LAS CUENTAS FINANCIERAS
.....................................................................................

En este capítulo se va a entrar en el grupo donde están todas las cuentas en las que se contabiliza la financiación recibida de terceros y dada también a terceros, que se inscribe en el corto plazo.

Al igual como se ha visto en el capítulo anterior en el que había las cuentas en las que la empresa anota todos los créditos y débitos por operaciones comerciales, en éste la anotación corresponderá también a los créditos y débitos por operaciones financieras.

En el balance habrá cuentas que figurarán en el activo y otras en el pasivo, siempre corriente en un caso u otro, por estar dentro del corto plazo.

## 8.1 LAS CUENTAS FINANCIERAS

50. EMPRÉSTITOS, DEUDAS CON CARÁCTERÍSTICAS ESPECIALES Y OTRAS EMISIONES ANÁLOGAS A CORTO PLAZO
    500. Obligaciones y bonos a corto plazo
    501. Obligaciones y bonos convertibles a corto plazo
    502. Acciones o participaciones a corto plazo consideradas como pasivos financieros
    505. Deudas representadas en otros valores negociables a corto plazo
    506. Intereses a corto plazo de empréstitos y otras emisiones análogas
    507. Dividendos de acciones o participaciones consideradas como pasivos financieros
    509. Valores negociables amortizados

51. DEUDAS A CORTO PLAZO CON PARTES VINCULADAS
    510. Deudas a corto plazo con entidades de crédito vinculadas
    511. Proveedores de inmovilizado a corto plazo, partes vinculadas
    512. Acreedores por arrendamiento financiero a corto plazo, partes vinculadas.
    513. Otras deudas a corto plazo con partes vinculadas
    514. Intereses a corto plazo de deudas con partes vinculadas

**52. DEUDAS A CORTO PLAZO POR PRÉSTAMOS RECIBIDOS Y OTROS CONCEPTOS**
520. Deudas a corto plazo con entidades de crédito
521. Deudas a corto plazo
522. Deudas a corto plazo transformables en subvenciones, donaciones y legados
523. Proveedores de inmovilizado a corto plazo
524. Acreedores por arrendamiento financiero a corto plazo
525. Efectos a pagar a corto plazo
526. Dividendo activo a pagar
527. Intereses a corto plazo de deudas con entidades de crédito
528. Intereses a corto plazo de deudas
529. Provisiones a corto plazo

**53. INVERSIONES FINANCIERAS A CORTO PLAZO EN PARTES VINCULADAS**
530. Participaciones a corto plazo en partes vinculadas
531. Valores representativos de deuda a corto plazo de partes vinculadas
532. Créditos a corto plazo a partes vinculadas
533. Intereses a corto plazo de valores representativos de deuda de partes vinculadas
534. Intereses a corto plazo de créditos a partes vinculadas
535. Dividendo a cobrar de inversiones financieras en partes vinculadas
539. Desembolsos pendientes sobre participaciones a corto plazo en partes vinculadas

**54. OTRAS INVERSIONES FINANCIERAS A CORTO PLAZO**
540. Inversiones financieras a corto plazo en instrumentos de patrimonio
541. Valores representativos de deuda a corto plazo
542. Créditos a corto plazo
543. Créditos a corto plazo por enajenación de inmovilizado
544. Créditos a corto plazo al personal
545. Dividendo a cobrar
546. Intereses a corto plazo de valores representativos de deudas
547. Intereses a corto plazo de créditos
548. Imposiciones a corto plazo
549. Desembolsos pendientes sobre participaciones en el patrimonio neto a corto plazo

**55. OTRAS CUENTAS NO BANCARIAS**
550. Titular de la explotación
551. Cuenta corriente con socios y administradores
552. Cuenta corriente con otras personas y entidades vinculadas
553. Cuentas corrientes en fusiones y escisiones
554. Cuenta corriente con uniones temporales de empresas y comunidades de bienes
555. Partidas pendientes de aplicación
556. Desembolsos exigidos sobre participaciones en el patrimonio neto
557. Dividendo activo a cuenta
558. Socios por desembolsos exigidos
559. Derivados financieros a corto plazo

56. FIANZAS Y DEPÓSITOS RECIBIDOS Y CONSTITUIDOS A CORTO PLAZO Y AJUSTES POR PERIODIFICACIÓN
    560. Fianzas recibidas a corto plazo
    561. Depósitos recibidos a corto plazo
    565. Fianzas constituidas a corto plazo
    566. Depósitos constituidos a corto plazo
    567. Intereses pagados por anticipado
    568. Intereses cobrados por anticipado
    569. Garantías financieras a corto plazo

57. TESORERÍA
    570. Caja, euros
    571. Caja, moneda extranjera
    572. Bancos e instituciones de crédito c/c vista, euros
    573. Bancos e instituciones de crédito c/c vista, moneda extranjera
    574. Bancos e instituciones de crédito, cuentas de ahorro, euros
    575. Bancos e instituciones de crédito, cuentas de ahorro, moneda extranjera
    576. Inversiones a corto plazo de gran liquidez

58. ACTIVOS NO CORRIENTES MANTENIDOS PARA LA VENTA Y ACTIVOS Y PASIVOS ASOCIADOS
    580. Inmovilizado
    581. Inversiones con personas y entidades vinculadas
    582. Inversiones financieras
    583. Existencias, deudores comerciales y otras cuentas a cobrar
    584. Otros activos
    585. Provisiones
    586. Deudas con características especiales
    587. Deudas con personas y entidades vinculadas
    588. Acreedores comerciales y otras cuentas a pagar
    589. Otros pasivos

59. DETERIORO DEL VALOR DE INVERSIONES FINANCIERAS A CORTO PLAZO Y DE ACTIVOS NO CORRIENTES MANTENIDOS PARA LA VENTA
    593. Deterioro de valor de participaciones a corto plazo en partes vinculadas
    594. Deterioro de valor de valores representativos de deuda a corto plazo de partes vinculadas
    595. Deterioro de valor de créditos a corto plazo a partes vinculadas
    597. Deterioro de valor de valores representativos de deuda a corto plazo
    598. Deterioro de valor de créditos a corto plazo
    599. Deterioro de valor de activos no corrientes mantenidos para la venta

Los cuentas de los grupos 50, 51 y 52 corresponden a operaciones de pasivo. Deudas en las que ha incurrido la empresa por distintos motivos que van desde las que representa la emisión de obligaciones y bonos, hasta deudas por préstamos recibidos o por compras a proveedores de inmovilizado.

Las cuentas de los grupos 53 y 54 corresponden a operaciones de activo. Deudas por operaciones que se han concedido a terceros.

La del grupo 55 corresponden a cuentas en las que se registra el movimiento con socios, administradores, tanto en cuentas corrientes como en otros conceptos relacionados con las acciones.

La cuentas del grupo 56 se corresponden a las cuentas de los grupos 18 y 26 de largo plazo. En este grupo conviven tanto las cuentas de corto plazo de activo como las de pasivo, que en el largo plazo tiene cada uno un grupo independiente.

El gran grupo de cuentas de tesorería es el 57. En él están tanto las cuentas de caja como las de bancos, incluyendo también dentro de él las inversiones a corto plazo de gran liquidez.

Las cuentas del grupo 58 incluyen todos los activos no corrientes que por una causa u otra se mantienen para la venta. Acabando con el grupo 59 donde se incluyen las cuentas y donde se contabilizan los deterioros producidos en los activos financieros.

## 8.2 LA NORMA DE VALORACIÓN NÚMERO 9

El tratamiento de los instrumentos financieros el PGC lo determina en la norma de valoración número 9. En ella se definen los tipos en lo que éste divide tanto los activos como los pasivos, incluyendo incluso el tratamiento que debe darse a las acciones propias que adquiera la empresa.

El PGC establece la siguiente división, a la hora de definir los activos financieros:

1. Préstamos y partidas a cobrar.
2. Inversiones mantenidas hasta el vencimiento.
3. Activos financieros mantenidos para negociar.
4. Otros activos financieros a valor razonable con cambios en la cuenta de pérdidas y ganancias.
5. Inversiones en el patrimonio de empresas del grupo, multigrupo y asociadas.
6. Activos financieros disponibles para la venta.

En cada uno de ellos el PGC establece su valoración inicial, su valoración posterior y el tratamiento que debe darse a intereses devengados. Este tratamiento puede afectar tanto a la cuenta de PyG como al propio activo.

En cuanto a los pasivos, la división establecida por el PGC es la siguiente:

1. Débitos y partidas a pagar.
2. Pasivos financieros mantenidos para negociar.
3. Otros pasivos financieros a valor razonable con cambios en la cuenta de pérdidas y ganancias.

Al igual que lo indicado para los activos, se establece para cada grupo de pasivos su valoración inicial, su valoración posterior y el tratamiento que debe darse a los intereses devengados.

Para finalizar los aspectos más importantes de esta norma de valoración, solo falta indicar el tratamiento que debe darse a la adquisición de acciones propias. El PGC, a diferencia del anterior, establece que cualquier adquisición de acciones propias no constituye incremento de activo, sino que implica una disminución del patrimonio neto. Todo ello en la línea que las cuentas anuales deben dar la imagen fiel de la situación financiera de la empresa.

## 8.3 EL MÉTODO DEL TIPO DE INTERÉS EFECTIVO

La norma de valoración numero 9 ha introducido el método de cálculo del tipo de interés efectivo para las valoraciones posteriores de distintas categorías de activos y pasivos en los que divide los instrumentos financieros.

La aplicación de este método es obligatoria para las categorias en las que se indica y para aquellas empresas que están obligadas por el PGC aprobado con el RD 1514/2007, de 16 de noviembre. Las empresas encuadradas en la adaptación de éste a las PYMES y publicado con el 1515/2007, de 16 de noviembre pueden seguir contabilizándolo mediante el método directo tal como se realizaba en el anterior PGC. Esta salvedad también se puede aplicar para la contabilización de los instrumentos financieros en los que sea de obligado cumplimiento pero con un plazo inferior a un año de acuerdo con lo que el mismo PGC indica: "*No obstante lo anterior, los créditos con vencimiento no superior a un año que, de acuerdo con lo dispuesto en el apartado anterior, se valoren inicialmente por su valor nominal, continuarán valorándose por dicho importe*".

La forma de cálculo queda indicada en el siguiente ejemplo así como sus asientos.

EJEMPLO:

El día 1 de abril, la empresa obtiene de una entidad de crédito un préstamo de 20.000 € a devolver en dos años mediante cuotas de amortización constantes pagaderas por trimestres vencidos. Éstos se calcularán al 12%. Los gastos de formalización ascienden a 1.500 €

La Tabla de amortización de este préstamo es la siguiente, de acuerdo con el cuadro que está a continuación:

| | | GASTOS | | NETO | | |
|---|---|---|---|---|---|---|
| 20.000,00 | | 1.500,00 | | 18.500,00 | | |
| 12% | | | | | | |
| 8 | trimestres | | | | | INTERÉS |
| | | | | | | EFECTIVO |
| TRIMESTRE | PAGO | INTERES | PRINCIPAL | | | -18.500,00 |
| 1 | 2.849,13 | 600,00 | 2.249,13 | 9.409,51 | | 2.849,13 |
| 2 | 2.849,13 | 532,53 | 2.316,60 | | | 2.849,13 |
| 3 | 2.849,13 | 463,03 | 2.386,10 | | | 2.849,13 |
| 4 | 2.849,13 | 391,45 | 2.457,68 | | | 2.849,13 |
| 5 | 2.849,13 | 317,71 | 2.531,41 | 10.590,49 | | 2.849,13 |
| 6 | 2.849,13 | 241,77 | 2.607,36 | | | 2.849,13 |
| 7 | 2.849,13 | 163,55 | 2.685,58 | | | 2.849,13 |
| 8 | 2.849,13 | 82,98 | 2.766,14 | | | 2.849,13 |
| | | | | | | |
| TOTALES: | 22.793,02 | 2.793,02 | 20.000,00 | | TIR: | 4,89% |

Con el cálculo del interés efectivo que pasa del 4% por trimestre al 4,89% se procede al cálculo de la tabla de los intereses efectivos:

| INTERÉS EFECTIVO | INTERÉS CONTRATO | DIFERENCIA | PRINCIPAL | PRINCIPAL – DIFERENCIA | | CAPITAL PENDIENTE |
|---|---|---|---|---|---|---|
| | | | | | | 18.500,00 |
| 903,83 | 600,00 | 303,83 | 2.249,13 | 1.945,30 | 8.370,22 | 16.554,70 |
| 808,79 | 532,53 | 276,27 | 2.316,60 | 2.040,34 | | 14.514,37 |
| 709,11 | 463,03 | 246,08 | 2.386,10 | 2.140,02 | | 12.374,35 |
| 604,56 | 391,45 | 213,11 | 2.457,68 | 2.244,57 | | 10.129,78 |
| 494,90 | 317,71 | 177,18 | 2.531,41 | 2.354,23 | 10.129,78 | 7.775,55 |
| 379,88 | 241,77 | 138,11 | 2.607,36 | 2.469,25 | | 5.306,30 |
| 259,24 | 163,55 | 95,69 | 2.685,58 | 2.589,88 | | 2.716,42 |
| 132,71 | 82,98 | 49,73 | 2.766,14 | 2.716,42 | | 0,00 |
| | | | | | | |
| 4.293,02 | 2.793,02 | 1.500,00 | 20.000,00 | 18.500,00 | 18.500,00 | |

Los distintos asientos serían los siguientes:

**CONSTITUCIÓN DEL PRÉSTAMO:**

| 572 | Bancos c/c | 18.500,00 | |
|---|---|---|---|
| 170 | Deudas a largo plazo con entidades de crédito | | 10.129,78 |
| 520 | Deudas a corto plazo con entidades de crédito | | 8.370,22 |

**PAGO DE LA PRIMERA CUOTA:**

| 662 | Gastos financieros | 903,83 | |
|---|---|---|---|
| 520 | Deudas a corto plazo con entidades de crédito | | 303,83 |
| 520 | Deudas a corto plazo con entidades de crédito | 2.249,13 | |
| 572 | Bancos c/c | | 2.849,13 |

**PAGO DE LA SEGUNDA CUOTA:**

| 662 | Gastos financieros | 808,79 | |
|---|---|---|---|
| 520 | Deudas a corto plazo con entidades de crédito | | 276,27 |
| 520 | Deudas a corto plazo con entidades de crédito | 2.316,61 | |
| 572 | Bancos c/c | | 2.849,13 |

**PAGO DE LA TERCERA CUOTA:**

| 662 | Gastos financieros | 709,11 | |
|---|---|---|---|
| 520 | Deudas a corto plazo con entidades de crédito | | 246,08 |
| 520 | Deudas a corto plazo con entidades de crédito | 2.386,10 | |
| 572 | Bancos c/c | | 2.849,13 |

Y así sucesivamente para el resto de plazos.

Para poder ver bien el resultado de los asientos, a continuación está el detalle de los distintos asientos en cada cuenta. O dicho desde el punto de vista contable, el mayor de cada una de ellas.

| 170 | | SALDO |
|---|---|---|
| | 10.129,78 | -10.129,78 |
| | | -10.129,78 |
| | | -10.129,78 |
| | | -10.129,78 |
| | | -10.129,78 |
| 10.129,78 | | 0 |
| | | 0 |
| | | 0 |
| | | 0 |
| | | 0 |

| 520 | | SALDO |
|---|---|---|
| | 8.370,22 | -8.370,22 |
| 2.249,13 | 303,83 | -6.424,92 |
| 2.316,60 | 276,27 | -4.384,59 |
| 2.386,10 | 246,08 | -2.244,57 |
| 2.457,68 | 213,11 | 0 |
| | 10.129,78 | -10.129,78 |
| 2.531,41 | 177,18 | -7.775,55 |
| 2.607,36 | 138,11 | -5.306,30 |
| 2.685,58 | 95,69 | -2.716,41 |
| 2.766,14 | 49,73 | 0 |

| 572 | | SALDO |
|---|---|---|
| 20.000,00 | 1.500,00 | 18.500,00 |
| | 2.849,13 | 15.650,87 |
| | 2.849,13 | 12.801,74 |
| | 2.849,13 | 9.952,61 |
| | 2.849,13 | 7.103,48 |
| | 2.849,13 | 4.254,35 |
| | 2.849,13 | 1.405,22 |
| | 2.849,13 | -1.443,91 |
| | 2.849,13 | -4.293,04 |

| 662 | | SALDO |
|---|---|---|
| 903,83 | | 903,83 |
| 808,79 | | 1.712,62 |
| 709,11 | | 2.421,73 |
| 604,56 | | 3.026,29 |
| 494,9 | | 494,9 |
| 379,88 | | 874,78 |
| 259,24 | | 1.134,02 |
| 132,71 | | 1.266,73 |

El punteado indica el cambio de ejercicio. Y para que se pueda ver la diferencia de contabilización si se aplica el PGC, RD 1514/2007 o la adaptación a las PYMES, RD 1515/2007, a continuación se reflejan los asientos que podría realizar una empresa calificada como tal.

**CONSTITUCIÓN DEL PRÉSTAMO:**

| 572 | Bancos c/c | 18.500,00 | |
|---|---|---|---|
| 626 | Servicios bancarios y similares | 1.500,00 | |
| 170 | Deudas a largo plazo con entidades de crédito | | 10.590,49 |
| 520 | Deudas a corto plazo con entidades de crédito | | 9.409,51 |

**PAGO DE LA PRIMERA CUOTA:**

| 520 | Deudas a corto plazo con entidades de crédito | 2.249,13 | |
|---|---|---|---|
| 662 | Intereses de deudas | 600,00 | |
| 572 | Bancos c/c | | 2.849,13 |
| 170 | Deudas a largo plazo con entidades de crédito | 2.531,41 | |
| 520 | Deudas a corto plazo con entidades de crédito | | 2.531,41 |

**PAGO DE LA SEGUNDA CUOTA:**

| 520 | Deudas a corto plazo con entidades de crédito | 2.316,60 | |
|---|---|---|---|
| 662 | Intereses de deudas | 532,53 | |
| 572 | Bancos c/c | | 2.849,13 |
| 170 | Deudas a largo plazo con entidades de crédito | 2.607,36 | |
| 520 | Deudas a corto plazo con entidades de crédito | | 2.607,36 |

**PAGO DE LA TERCERA CUOTA:**

| 520 | Deudas a corto plazo con entidades de crédito | 2.386,10 | |
|-----|-----------------------------------------------|----------|----------|
| 662 | Intereses de deudas | 463,03 | |
| 572 | Bancos c/c | | 2.849,13 |
| 170 | Deudas a largo plazo con entidades de crédito | 2.685,58 | |
| 520 | Deudas a corto plazo con entidades de crédito | | 2.685,58 |

Y así sucesivamente para el resto de plazos...

En este caso, los distintos mayores de las cuentas son los siguientes, de acuerdo ahora con estos últimos asientos:

| 170 | | SALDO | | 520 | | SALDO |
|-----|-----------|-------------|-----------|----------|-----------|-------------|
| | 10.590,49 | -10.590,49 | | | 9.409,51 | -9.409,51 |
| | | -10.590,49 | 2.249,13 | | | -7.160,38 |
| | | -10.590,49 | 2.316,60 | | | -4.843,78 |
| | | -10.590,49 | 2.386,10 | | | -2.457,68 |
| | | -10.590,49 | 2.457,68 | | | 0 |
| 10.590,49 | | 0 | | | 10.590,49 | -10.590,49 |
| | | 0 | 2.531,41 | | | -8.059,08 |
| | | 0 | 2.607,36 | | | -5.451,72 |
| | | 0 | 2.685,58 | | | -2.766,14 |
| | | 0 | 2.766,14 | | | 0 |

| 572 | | SALDO | 662 | | SALDO |
|-----------|-----------|-----------|----------|--|-----------|
| 20.000,00 | 1.500,00 | 18.500,00 | 600,00 | | 600,00 |
| | 2.849,13 | 15.650,87 | 532,53 | | 1.132,53 |
| | 2.849,13 | 12.801,74 | 463,03 | | 1.595,56 |
| | 2.849,13 | 9.952,61 | 391,45 | | 1.987,01 |
| | 2.849,13 | 7.103,48 | | | |
| | 2.849,13 | 4.254,35 | 317,71 | | 317,71 |
| | 2.849,13 | 1.405,22 | 241,77 | | 559,48 |
| | 2.849,13 | -1.443,91 | 163,55 | | 723,03 |
| | 2.849,13 | -4.293,04 | 82,98 | | 806,01 |

El traspaso de largo plazo a corto plazo se ha hecho de una vez, a final de ejercicio, para simplificar la explicación.

El efecto sobre la cuenta de pérdidas y ganancias en un caso y el otro, al final del segundo ejercicio es el mismo. Sin embargo, varía la temporalización:

De acuerdo con el coste amortizado:     3.026,29 + 1.266,73 = **4.293,02 €**
Contabilización realizada como PYME:     1.500,00 + 1.987,01 + 806,01 = **4.293,02 €**

La diferencia está en la incidencia que afecta a cada ejercicio que varía de  los 3.026,29 € en el primer caso a los 3.487,01 € en el segundo. Diferencia que se encuentra en el segundo ejercicio, 1.266,73 € frente a los 806,01 €.

# 8.4 LAS CUENTAS DE ACTIVO FRENTE A LAS DE PASIVO

La contabilización de los instrumentos de activo y los de pasivo se realiza de forma muy parecida con el consiguiente cambio de cuentas, utilizando las que corresponda, con el cambio de signo lógicamente, y con los consiguientes saldos deudores o acreedores según sea el caso.

El saldo de las cuentas del grupo 5 indican siempre deudas, en un sentido u otro, de o hacia la empresa, que aún no se han hecho efectivas. Es importante recordarlo ya que hay determinadas cuentas que pueden dar lugar a malentendidos y utilizaciones incorrectas.

Podría ser el caso de la cuenta 527, Intereses a corto plazo de deudas con entidades de crédito frente a la cuenta del grupo 6, 662, Intereses de deudas. El saldo de la cuenta 527 indicará que en algún momento se ha producido un gasto por intereses, contabilizado como tal contra la cuenta 662, que aún no se ha pagado. En el momento en que se cancele esta deuda, la cuenta 527 quedará cancelada con la consiguiente salida de dinero del banco por el pago.

EJEMPLO:

La empresa AAA, S.A. considerada PYME, obtiene un préstamo el día 1 de abril de 500.000 € al 12% de interés mediante cuotas de amortización anuales, a dos años.

Los asientos serían los siguientes:

**1      Obtención del préstamo el día 1 de abril**

| | | | |
|---|---|---|---|
| 572 | Bancos c/c | 500.000,00 | |
| 170 | Deudas a largo plazo con entidades crédito | | 250.000,00 |
| 520 | Deudas a corto plazo con entidades crédito | | 250.000,00 |

**2      Cargo de intereses al resultado del ejercicio el 31 de diciembre**

| | | | |
|---|---|---|---|
| 662 | Intereses de deudas (9% s/ 500.000) | 45.000,00 | |
| 527 | Intereses a corto plazo de deudas con entidades crédito | | 45.000,00 |

**3      Primer plazo de pago el día 1 de abril del  año siguiente**

| | | | |
|---|---|---|---|
| 662 | Intereses de deudas  (3% s/ 500.000) | 15.000,00 | |
| 527 | Intereses a corto plazo de deudas con entidades crédito | 45.000,00 | |
| 520 | Deudas a corto plazo con entidades crédito | 250.000,00 | |
| 572 | Bancos c/c | | 310.000,00 |
| | | | |
| 170 | Deudas a largo plazo con entidades crédito | 250.000,00 | |
| 520 | Deudas a corto plazo con entidades crédito | | 250.000,00 |

**4   Intereses al final del ejercicio del año siguiente**

| 662 | Intereses de deudas (9% s/ 250.000) | 22.500,00 | |
|-----|-------------------------------------------------------------|-----------|-----------|
| 527 | Intereses a corto plazo de deudas con entidades crédito | | 22.500,00 |

**5   Segundo plazo de pago el día 1 de abril del año posterior**

| 662 | Intereses de deudas (3% s/ 250.000) | 7.500,00 | |
|-----|-------------------------------------------------------------|------------|------------|
| 527 | Intereses a corto plazo de deudas con entidades crédito | 22.500,00 | |
| 520 | Deudas a corto plazo con entidades crédito | 250.000,00 | |
| 572 | Bancos c/c | | 280.000,00 |

Al cierre del ejercicio la empresa debe calcular los intereses que se hayan producido, aunque no se hayan pagado, dejándolos en la cuenta 527 a la espera que se generen los que faltan del ejercicio siguiente y llegue el día de pago para proceder a la cancelación.

De esta manera se mantiene el principio del devengo, cargando a cada ejercicio su correspondiente gasto independientemente del momento en que se realice su pago.

# 8.5 LA CUENTA DE TESORERÍA

El grupo 57 es el que contiene todas las cuentas en las que se refleja la máxima liquidez que tiene la empresa.

Todas ellas son cuentas de activo y están en la parte inferior de la columna correspondiente al mismo, significando la liquidez máxima de acuerdo con lo expuesto en el capítulo primero sobre la estructura del balance de situación.

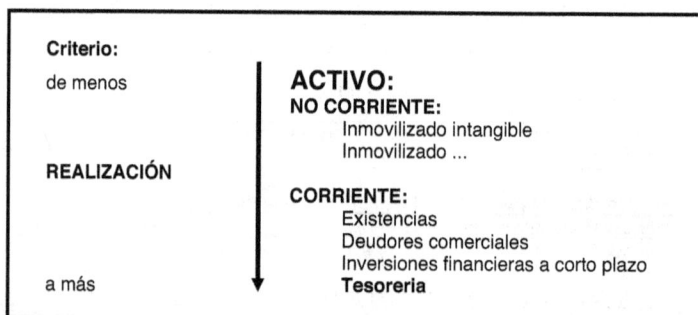

**Criterio:**

de menos

**REALIZACIÓN**

**ACTIVO:**
**NO CORRIENTE:**
  Inmovilizado intangible
  Inmovilizado ...

**CORRIENTE:**
  Existencias
  Deudores comerciales
  Inversiones financieras a corto plazo

a más   **Tesorería**

# 8.6 LOS DETERIOROS DE VALOR

En este grupo se encuentran las cuentas en las que se aplican los deterioros sobre los activos financieros que dispone la empresa de acuerdo con lo que se indica en el PGC.

En el caso de los préstamos y partidas a cobrar, el propio PGC indica claramente como deben calcularse y contabilizarse: *"Al menos al cierre del ejercicio, deberán efectuarse las correcciones valorativas necesarias siempre que exista evidencia objetiva de que el valor de un crédito, o de un grupo de créditos con similares características de riesgo valorados colectivamente, se ha deteriorado como resultado de uno o más eventos que hayan ocurrido después de su reconocimiento inicial y que ocasionen una reducción o retraso en los flujos de efectivo estimados futuros, que pueden venir motivados por la insolvencia del deudor."*

EJEMPLO:

La empresa concedió un préstamo de 10.000 € a otra empresa con la que mantiene relaciones comerciales, sin ninguna vinculación entre ellas. Pasado el vencimiento, ésta no puede hacer frente al pago por lo que se decide hacer una provisión por insolvencia.

Al cabo de un tiempo cobra 4.000 €, dando el resto por perdido definitivamente.

Los asientos serían los siguientes:

**1    Concesión del préstamo**

| | | | |
|---|---|---|---|
| 542 | Créditos a corto plazo | 10.000,00 | |
| 572 | Bancos c/c | | 10.000,00 |

**2    Constitución de la provisión**

| | | | |
|---|---|---|---|
| 699 | Pérdidas por deterioro de créditos a corto plazo | 10.000,00 | |
| 598 | Deterioro de valor de créditos a corto plazo | | 10.000,00 |

**3    Cobro de una parte y anulación de la provisión**

| | | | |
|---|---|---|---|
| 572 | Bancos c/c | 4.000,00 | |
| 667 | Pérdidas de créditos no comerciales | 6.000,00 | |
| 542 | Créditos a corto plazo | | 10.000,00 |

| | | | |
|---|---|---|---|
| 598 | Deterioro de valor de créditos a corto plazo | 10.000,00 | |
| 799 | Reversión del deterioro de créditos a corto plazo | | 10.000,00 |

# RESUMEN DEL CAPÍTULO:

Las cuentas financieras de corto plazo se encuentran en el grupo 5, estando tanto las de activo como pasivo.

En este grupo se encuentran también las cuentas de tesorería y las de fianzas recibidas y emitidas a corto plazo, como continuación de los grupos 18 y 26 del largo plazo.

También están las cuentas que contienen los saldos de los activos no corrientes mantenidos para la venta. Son los saldos de activos de inmovilizado que bajo determinadas situaciones y condiciones se quiere proceder a su posible venta.

Al igual que en otros grupos, en éste también están las cuentas que contabilizan deterioros de activos financieros. Son cuentas con saldos acreedores que en el balance minoran el saldo total de los activos. Estos deterioros se contabilizan contra un gasto de la cuenta de PyG que no provocará en ningún caso un pago, resarciéndose la empresa a base de capitalizar por este medio posibles futuros beneficios.

También  se encuentran las cuentas de tesorería, que incluyen las cuentas de caja, cuentas abiertas en los bancos y las inversiones a corto plazo de gran liquidez.

# Capítulo 9

# INGRESOS Y GASTOS

∙∙∙∙∙∙∙∙∙∙∙∙∙∙∙∙∙∙∙∙∙∙∙∙∙∙∙∙∙∙∙∙∙∙∙∙∙∙∙∙∙∙∙∙∙∙∙∙∙∙∙∙∙∙∙∙∙∙∙∙

Los ingresos y gastos están reservados a las cuentas de los grupo 6 y 7 respectivamente. En capítulos anteriores ya se han visto algunos ejemplos de su utilización.

En este capítulo además de algunos ejemplos más, el lector encontrará la explicación del funcionamiento de estas cuentas, la confección del cierre que debe dar el resultado del ejercicio y otros aspectos importantes que se han de tener en cuenta para comprender su correcta utilización.

## 9.1 GASTOS FRENTE A PAGOS E INGRESOS FRENTE A COBROS

Esta distinción ya se puso de manifiesto en el primer capítulo. Valga recordarlo otra vez aquí al tratar de todas estas cuentas:

- Un pago que haya realizado la empresa no implica que éste tenga la consideración de gasto. Por tanto, en ningún caso pago es sinónimo de gasto.

- La contabilización de un gasto no implica que se vaya a realizar un pago. Hay gastos que se contabilizan como tales que lo único que implican es que parte de los beneficios generados se queden en la empresa.

- De la misma manera, un cobro no implica que éste tenga la consideración de ingreso. Al igual que se ha indicado para los pagos, un cobro no es sinónimo de ingreso.

- La contabilización de ingresos previsibles pero no seguros no se han de contabilizar por la aplicación del principio de prudencia. En cambio se deberán contabilizar los gastos previsibles, aunque no se sepa de ellos ni el importe ni el vencimiento exacto.

## 9.2 LAS CUENTAS DE LOS GRUPOS 6 Y 7

Las cuentas de los distintos grupos que se van a analizar son las siguientes, de acuerdo con el siguiente esquema:

GRUPO 6 - COMPRAS Y GASTOS

60. COMPRAS
    600. Compras de mercaderías
    601. Compras de materias primas
    602. Compras de otros aprovisionamientos
    606. Descuentos sobre compras por pronto pago
    607. Trabajos realizados por otras empresas
    608. Devoluciones de compras y operaciones similares
    609. "Rappels" por compras

61. VARIACIÓN DE EXISTENCIAS
    610. Variación de existencias de mercaderías
    611. Variación de existencias de materias primas
    612. Variación de existencias de otros aprovisionamientos

62. SERVICIOS EXTERIORES
    620. Gastos en investigación y desarrollo del ejercicio
    621. Arrendamientos y cánones
    622. Reparaciones y conservación
    623. Servicios de profesionales independientes
    624. Transportes
    625. Primas de seguros
    626. Servicios bancarios y similares
    627. Publicidad, propaganda y relaciones públicas
    628. Suministros
    629. Otros servicios

63. TRIBUTOS
    630. Impuesto sobre beneficios
    631. Otros tributos
    633. Ajustes negativos en la imposición sobre beneficios
    634. Ajustes negativos en la imposición indirecta
    636. Devolución de impuestos
    638. Ajustes positivos en la imposición sobre beneficios
    639. Ajustes positivos en la imposición indirecta

64. GASTOS DE PERSONAL
    640. Sueldos y salarios
    641. Indemnizaciones
    642. Seguridad Social a cargo de la empresa
    643. Retribuciones a largo plazo mediante sistemas de aportación definida
    644. Retribuciones a largo plazo mediante sistemas de prestación definida
    645. Retribuciones al personal mediante instrumentos de patrimonio
    649. Otros gastos sociales

65. OTROS GASTOS DE GESTIÓN
    650. Pérdidas de créditos comerciales incobrables
    651. Resultados de operaciones en común
    659. Otras pérdidas en gestión corriente

66. GASTOS FINANCIEROS
    660. Gastos financieros por actualización de provisiones
    661. Intereses de obligaciones y bonos
    662. Intereses de deudas
    663. Pérdidas por valoración de instrumentos financieros por su valor razonable
    664. Dividendos de acciones o participaciones consideradas como pasivos financieros
    665. Intereses por descuento de efectos y operaciones de "factoring"
    666. Pérdidas en participaciones y valores representativos de deuda
    667. Pérdidas de créditos no comerciales
    668. Diferencias negativas de cambio
    669. Otros gastos financieros

67. PÉRDIDAS PROCEDENTES DE ACTIVOS NO CORRIENTES Y GASTOS EXCEPCIONALES
    670. Pérdidas procedentes del inmovilizado intangible
    671. Pérdidas procedentes del inmovilizado material
    672. Pérdidas procedentes de las inversiones inmobiliarias
    673. Pérdidas procedentes de participaciones a largo plazo en partes vinculadas
    675. Pérdidas por operaciones con obligaciones propias
    678. Gastos excepcionales

68. DOTACIONES PARA AMORTIZACIONES
    680. Amortización del inmovilizado intangible
    681. Amortización del inmovilizado material
    682. Amortización de las inversiones inmobiliarias

69. PÉRDIDAS POR DETERIORO Y OTRAS DOTACIONES
    690. Pérdidas por deterioro del inmovilizado intangible
    691. Pérdidas por deterioro del inmovilizado material
    692. Pérdidas por deterioro de las inversiones inmobiliarias
    693. Pérdidas por deterioro de existencias
    694. Pérdidas por deterioro de créditos por operaciones comerciales
    695. Dotación a la provisión por operaciones comerciales
    696. Pérdidas por deterioro de participaciones y valores representativos de deuda a largo plazo
    697. Pérdidas por deterioro de créditos a largo plazo
    698. Pérdidas por deterioro de participaciones y valores representativos de deuda a corto plazo
    699. Pérdidas por deterioro de créditos a corto plazo

GRUPO 7 - VENTAS E INGRESOS

70. VENTAS DE MERCADERÍAS, DE PRODUCCIÓN PROPIA Y SERVICIOS
    700. Ventas de mercaderías
    701. Ventas de productos terminados

702. Ventas de productos semiterminados
703. Ventas de subproductos y residuos
704. Ventas de envases y embalajes
705. Prestaciones de servicios
706. Descuentos sobre ventas por pronto pago
708. Devoluciones de ventas y operaciones similares
709. "Rappels" sobre ventas

71. VARIACIÓN DE EXISTENCIAS
710. Variación de existencias de productos en curso
711. Variación de existencias de productos semiterminados
712. Variación de existencias de productos terminados
713. Variación de existencias de subproductos, residuos y materiales recuperados

73. TRABAJOS REALIZADOS PARA LA EMPRESA
730. Trabajos realizados para el inmovilizado intangible
731. Trabajos realizados para el inmovilizado material
732. Trabajos realizados en inversiones inmobiliarias
733. Trabajos realizados para el inmovilizado material en curso

74. SUBVENCIONES, DONACIONES Y LEGADOS
740. Subvenciones, donaciones y legados a la explotación
746. Subvenciones, donaciones y legados de capital transferidos al resultado del ejercicio
747. Otras subvenciones, donaciones y legados transferidos al resultado del ejercicio

75. OTROS INGRESOS DE GESTIÓN
751. Resultados de operaciones en común
752. Ingresos por arrendamientos
753. Ingresos de propiedad industrial cedida en explotación
754. Ingresos por comisiones
755. Ingresos por servicios al personal
759. Ingresos por servicios diversos

76. INGRESOS FINANCIEROS
760. Ingresos de participaciones en instrumentos de patrimonio
761. Ingresos de valores representativos de deuda
762. Ingresos de créditos
763. Beneficios por valoración de instrumentos financieros por su valor razonable
766. Beneficios en participaciones y valores representativos de deuda
767. Ingresos de activos afectos y de derechos de reembolso relativos a retribuciones a largo plazo
768. Diferencias positivas de cambio
769. Otros ingresos financieros

77. BENEFICIOS PROCEDENTES DE ACTIVOS NO CORRIENTES E INGRESOS EXCEPCIONALES
770. Beneficios procedentes del inmovilizado intangible
771. Beneficios procedentes del inmovilizado material
772. Beneficios procedentes de las inversiones inmobiliarias

773. Beneficios procedentes de participaciones a largo plazo en partes vinculadas

775. Beneficios por operaciones con obligaciones propias

778. Ingresos excepcionales

79. EXCESOS Y APLICACIONES DE PROVISIONES Y DE PÉRDIDAS POR DETERIORO

790. Reversión del deterioro del inmovilizado intangible

791. Reversión del deterioro del inmovilizado material

792. Reversión del deterioro de las inversiones inmobiliarias

793. Reversión del deterioro de existencias

794. Reversión del deterioro de créditos por operaciones comerciales

795. Exceso de provisiones

796. Reversión del deterioro de participaciones y valores representativos de deuda a largo plazo

797. Reversión del deterioro de créditos a largo plazo

798. Reversión del deterioro de participaciones y valores representativos de deuda a corto plazo

799. Reversión del deterioro de créditos a corto plazo

# 9.3 LA CONTABILIZACIÓN EN LAS CUENTAS DE LOS GRUPOS 6 Y 7

La contabilización de los gastos en las distintas cuentas se realizará por regla general con asientos en el debe, o de acuerdo con la nomenclatura contable, con cargos en las distintas cuentas, con algunas excepciones como son las contabilizaciones de descuentos sobre compras por pronto pago o devoluciones de compras, las variaciones de existencias y cuentas de tributos.

Esto determina que visualmente se pueda hacer una pequeña auditoria con tal de prevenir errores de contabilización.

De la misma se puede decir que por regla general en las cuentas del grupo 7 los asientos se realizarán sobre el haber, salvo algunas excepciones como son las contabilizaciones de descuentos sobre ventas por pronto pago o devoluciones de ventas o también variación de existencias.

De todo ello se desprende que el saldo deudor de la suma algebraica de los saldos de las cuentas 6 y 7 determinará que la empresa tenga pérdidas, mientras que el saldo acreedor de esta misma suma indique que ha habido beneficios.

Dado que lo contabilizado en los grupos 6 y 7 son gastos e ingresos del momento de su devengo, y dado que su contabilización no implica que se hayan pagado o cobrado los que tengan asociado un pago o cobro, puede darse el caso que la empresa tenga beneficio, sin que éste se refleje en el banco.

La consecuencia será analizar el balance y ver dónde se hallan estos beneficios porque a costa de ellos se estará financiando a clientes, por ejemplo. Es importante por tanto el análisis del balance como se ha explicado a lo largo del capítulo primero.

## 9.4 EL CIERRE DEL EJERCICIO

El cierre del ejercicio consiste en el traspaso de los distintos saldos de las cuentas de los grupos 6 y 7 a la cuenta 129, Resultado del ejercicio. Esta cuenta será la que resumirá todos los saldos de estos grupos 6 y 7 y reflejará por tanto, el resultado del ejercicio.

EJEMPLO:

La empresa una vez ha comprobado sus apuntes, procede a realizar el cierre del ejercicio teniendo en cuenta que los saldos de las distintas cuentas de los grupos 6 y 7 son los siguientes:

| | Saldo | |
|---|---|---|
| | Deudor | Acreedor |
| 600. Compras de mercaderías | 10.000,00 | |
| 606. Descuentos sobre compras por pronto pago | | 1,00 |
| 609. "Rappels" por compras | | 10,00 |
| 621. Arrendamientos y cánones | 220,00 | |
| 622. Reparaciones y conservación | 12,00 | |
| 623. Servicios de profesionales independientes | 3,00 | |
| 624. Transportes | 6,00 | |
| 625. Primas de seguros | 150,00 | |
| 626. Servicios bancarios y similares | 4,00 | |
| 627. Publicidad, propaganda y relaciones públicas | 5,00 | |
| 630. Impuesto sobre beneficios | 2.470,25 | |
| 631. Otros tributos | 10,00 | |
| 640. Sueldos y salarios | 4.000,00 | |
| 642. Seguridad Social a cargo de la empresa | 120,00 | |
| 662. Intereses de deudas | 320,00 | |
| 680. Amortización del inmovilizado intangible | 30,00 | |
| 681. Amortización del inmovilizado material | 500,00 | |
| 701. Ventas de productos terminados | | 25.000,00 |
| 708. Devoluciones de ventas y operaciones similares | 200,00 | |
| 762. Ingresos de créditos | | 450,00 |
| | | |
| **Total:** | 18.050,25 | 25.461,00 |

Los asientos contra la cuenta 129 serían los siguientes:

| 600 | Compras de mercaderías | | 10.000,00 |
|---|---|---|---|
| 129 | Resultado del ejercicio | 10.000,00 | |
| 606 | Descuentos sobre compras por pronto pago | 1,00 | |
| 129 | Resultado del ejercicio | | 1,00 |
| 609 | "Rappels" por compras | 10,00 | |

| | | | |
|---|---|---|---|
| 129 | Resultado del ejercicio | | 10,00 |
| 621 | Arrendamientos y cánones | | 220,00 |
| 129 | Resultado del ejercicio | 220,00 | |
| 622 | Reparaciones y conservación | | 12,00 |
| 129 | Resultado del ejercicio | 12,00 | |
| 623 | Servicios de profesionales independientes | | 3,00 |
| 129 | Resultado del ejercicio | 3,00 | |
| 624 | Transportes | | 6,00 |
| 129 | Resultado del ejercicio | 6,00 | |
| 625 | Primas de seguros | | 150,00 |
| 129 | Resultado del ejercicio | 150,00 | |
| 626 | Servicios bancarios y similares | | 4,00 |
| 129 | Resultado del ejercicio | 4,00 | |
| 627 | Publicidad, propaganda y relaciones públicas | | 5,00 |
| 129 | Resultado del ejercicio | 5,00 | |
| 630 | Impuesto sobre beneficios | | 2.470,25 |
| 129 | Resultado del ejercicio | 2.470,25 | |
| 631 | Otros tributos | | 10,00 |
| 129 | Resultado del ejercicio | 10,00 | |
| 640 | Sueldos y salarios | | 4.000,00 |
| 129 | Resultado del ejercicio | 4.000,00 | |
| 642 | Seguridad Social a cargo de la empresa | | 120,00 |
| 129 | Resultado del ejercicio | 120,00 | |
| 662 | Intereses de deudas | | 320,00 |
| 129 | Resultado del ejercicio | 320,00 | |
| 680 | Amortización del inmovilizado intangible | | 30,00 |
| 129 | Resultado del ejercicio | 30,00 | |
| 681 | Amortización del inmovilizado material | | 500,00 |
| 129 | Resultado del ejercicio | 500,00 | |
| 701 | Ventas de productos terminados | 25.000,00 | |
| 129 | Resultado del ejercicio | | 25.000,00 |
| 708 | Devoluciones de ventas y operaciones similares | | 200,00 |
| 129 | Resultado del ejercicio | 200,00 | |
| 762 | Ingresos de créditos | 450,00 | |
| 129 | Resultado del ejercicio | | 450,00 |
| | | | |
| | | 43.511,25 | 43.511,25 |

Una vez realizados estos asientos, si se comprueban los saldos de las cuentas de los grupos 6 y 7, se podrá ver que éstos están a cero. Y por otra parte, la cuenta 129 tendrá como saldo el correspondiente al beneficio que se ha generado en dicho ejercicio.

Los asientos se han realizado con cada cuenta contra la 129 porque de esta manera si se comprueba el mayor de ésta se podrá ver el saldo de cada cuenta, lo que facilita mucho cualquier comprobación.

Este mayor podría ser como se puede ver a continuación:

| 129 | | Saldo |
|---|---|---|
| 10.000,00 | | 10.000,00 |
| | 1,00 | 9.999,00 |
| | 10,00 | 9.989,00 |
| 220,00 | | 10.209,00 |
| 12,00 | | 10.221,00 |
| 3,00 | | 10.224,00 |
| 6,00 | | 10.230,00 |
| 150,00 | | 10.380,00 |
| 4,00 | | 10.384,00 |
| 5,00 | | 10.389,00 |
| 2.470,25 | | 12.859,25 |
| 10,00 | | 12.869,25 |
| 4.000,00 | | 16.869,25 |
| 120,00 | | 16.989,25 |
| 320,00 | | 17.309,25 |
| 30,00 | | 17.339,25 |
| 500,00 | | 17.839,25 |
| | 25.000,00 | -7.160,75 |
| 200,00 | | -6.960,75 |
| | 450,00 | -7.410,75 |

## 9.5 EL SALDO DEL CIERRE

El signo del saldo que tiene la cuenta 129 será por tanto deudor si hay pérdidas y acreedor en el caso que haya beneficios. La cuenta 129 figura en el balance en la columna de la derecha, donde está el Patrimonio neto y el Pasivo.

Todas las cuentas que hay en estos grupos, salvo algunas excepciones, tienen todas ellas saldo acreedor, no figurando el signo a no ser que el saldo sea deudor.

En el caso que los beneficios, por decisión de los accionistas, se quedarán en la empresa, el saldo de la cuenta 129 pasaría a cuentas de reservas que tienen todas ellas saldo acreedor.

Este saldo acreedor es la consecuencia de que los beneficios se van acumulando en las reservas, que en última instancia los debe la empresa a sus accionistas, de la misma manera que también y como siempre en última instancia, debe a sus accionistas el capital.

## RESUMEN DEL CAPÍTULO:

Las cuentas de los grupos 6 y 7 contabilizan los gastos y los ingresos de la empresa. Por regla general, en las cuentas del grupo 6 se contabilizarán los importes con saldo deudor, mientras que en el grupo 7 se contabilizarán con saldo acreedor, salvo algunas excepciones.

Los conceptos de ingresos y gastos no son sinónimos de los conceptos cobros y pagos. Puede haber gastos que no generarán nunca un pago ni pagos que sean gastos. Y de la misma manera se puede aplicar este concepto a los ingresos.

El proceso de cierre del ejercicio implica traspasar los saldos de las cuentas de los grupos 6 y 7 a la cuenta 129, donde permanecerá el saldo del ejercicio hasta el momento en que los accionistas decidan su destino a través de la junta de accionistas.

# Capítulo 10

# COMPRENDER EL ECPN Y EL EFE
· · · · · · · · · · · · · · · · · · · · · · · · · · · · · · · · · · · · · · · · · · · · · · · · · · · · · · ·

Estos dos estados los ha incluido el PGC dentro de las cuentas anuales, junto con el balance y la cuenta de pérdidas y ganancias. Y con la memoria forman las cuentas anuales.

En el capítulo primero, puntos 1.4.1 y 1.4.2 ya se ha visto la definición que da el PGC contable de cada uno de estos estados. Valga la pena recordarla aquí:

*"8.ª Estado de cambios en el patrimonio neto*

*El estado de cambios en el patrimonio neto tiene dos partes.*

1. *La primera, denominada "Estado de ingresos y gastos reconocidos", recoge los cambios en el patrimonio neto derivados de:*

   a) *El resultado del ejercicio de la cuenta de pérdidas y ganancias.*

   b) *Los ingresos y gastos que, según lo requerido por las normas de registro y valoración, deban imputarse directamente al patrimonio neto de la empresa.*

   c) *Las transferencias realizadas a la cuenta de pérdidas y ganancias según lo dispuesto por este Plan General de Contabilidad.*
   
   ...

2. *La segunda, denominada "Estado total de cambios en el patrimonio neto", informa de todos los cambios habidos en el patrimonio neto derivados de:*

   a) *El saldo total de los ingresos y gastos reconocidos.*

   b) *Las variaciones originadas en el patrimonio neto por operaciones con los socios o propietarios de la empresa cuando actúen como tales.*

   c) *Las restantes variaciones que se produzcan en el patrimonio neto.*

*d) También se informará de los ajustes al patrimonio neto debidos a cambios en criterios contables y correcciones de errores.*

*...»*

"*También se introduce como novedad el estado de flujos de efectivo, con el fin de mostrar la capacidad de generar efectivo o equivalentes al efectivo así como las necesidades de liquidez de la empresa debidamente ordenadas en tres categorías: actividades de explotación, inversión y financiación. Sin embargo, la pugna entre los intereses en conflicto que toda nueva exigencia informativa acarrea, transparencia frente a simplificación de las obligaciones contables, aspecto que lógicamente debe apreciarse ponderando esta exigencia con la dimensión de la empresa, se ha resuelto señalando que este documento no será obligatorio para las empresas que puedan formular balance, estado de cambios en el patrimonio neto y memoria en modelo abreviado*".

En este capítulo se va a ver un ejemplo sencillo de la construcción de cada uno de estos estados, para poderlos comprender mejor y entender lo que quieren decir.

# 10.1 EL ESTADO DE CAMBIOS DEL PATRIMONIO NETO

EJEMPLO:

La sociedad compra un activo financiero, clasificado como disponible para la venta, cuyo precio de adquisición el mes de abril del año anterior, x-1, es de 1.000 €. Al cierre de este ejercicio el valor razonable es de 1.200 €.

**ASIENTO DE LA COMPRA:**

| Abril x-1 | 1.000,00 | Inversiones financieras | Tesorería | 1.000,00 |
|-----------|----------|-------------------------|-----------|----------|

**ASIENTOS AL CIERRE DEL EJERCICIO:**

Ajuste del activo a su valor razonable, por estar calificado como disponible para la venta:

| 31/Dic. /x-1 | 200,00 | Inversiones financieras | Beneficios en activos financieros disponibles para la venta  (Cta. 900) | 200,00 |
|-----------|----------|-------------------------|-----------|----------|

El valor de dicho activo es de 1.200 pero fiscalmente es de 1.000. Por tanto, habrá que ajustarlo suponiendo un tipo del IS del 30%  (30% s/ 200):

| 31/Dic. /x-1 | 60,00 | Impuesto diferido (8301) | Diferencias temporarias imponibles  (479) | 60,00 |
|-----------|----------|-------------------------|-----------|----------|

Traspaso de las cuentas del grupo 8 y 9 a la cuenta del subgrupo 13, que figura en el balance dentro del patrimonio neto:

| 31/Dic. /x-1 | 200,00 | Beneficios en activos financieros disponibles para la venta  (Cta. 900) | Impuesto diferido (8301) | 60,00 |
|---|---|---|---|---|
| | | | Ajustes por valoración en instrumentos financieros (133) | 140,00 |

En el balance de situación de esta empresa aparecerán estos valores:

| ACTIVO CORRIENTE | | PATRIMONIO NETO | |
|---|---|---|---|
| Activo financiero | 1.200,00 | Ajuste por valoración de instrumentos financieros | 140,00 |
| | | PASIVO NO CORRIENTE | |
| | | Pasivos por impuesto diferido | 60,00 |

En la cuenta de PyG no aparecerá ningún resultado de la operación descrita, ya que el ajuste se ha llevado a Patrimonio Neto, lo mismo que se ha hecho con el impuesto correspondiente.

El ECPN correspondiente a este ejercicio será:

| A) Resultados de la cuentas de PyG | 0,00 | - |
|---|---|---|
| | | |
| B) Ingresos y gastos imputados directamente al patrimonio neto | | |
| Por valoración de activos | 200,00 | - |
| Efecto impositivo | -60,00 | - |
| | | |
| Total ingresos y gastos imputados directamente en el patrimonio neto | 140,00 | - |
| | | |
| C) Transferencias a la cuenta de PyG | 0,00 | - |
| | | |
| Total transferencias a la cuenta de PyG | 0,00 | - |
| | | |
| TOTAL DE INGRESOS Y GASTOS RECONOCIDOS | | |
| A +/- B +/- C | 140,00 | - |

**VENTA AL AÑO SIGUIENTE:**

En el ejercicio siguiente se vende el activo por un importe de 1.250 €.

Ajuste de valor razonable al de venta:

| Año x | 50,00 | Inversiones financieras | Beneficios en activos financieros disponibles para la venta  (Cta. 900) | 50,00 |
|---|---|---|---|---|

Ajuste del valor contable al valor fiscal, al tipo del 30%:

| | 15,00 | Impuesto diferido (8301) | Diferencias temporarias imponibles  (479) | 15,00 |
|---|---|---|---|---|

Apunte de la venta:

| | 1.250,00 | Tesorería | Inversiones financieras | 1.250,00 |
|---|---|---|---|---|

Al realizar la venta, el beneficio se ha realizado, por lo que habrá que registrar este apunte:

| | 250,00 | Transferencia de beneficios en activos financieros disponibles para la venta  (802) | Beneficios de disponibles para la venta  (7632) | 250,00 |
|---|---|---|---|---|

Y por tanto, se produce la reversión de la diferencia temporaria:
(Cta. 479: 60 + 15 = 75 €)

| | 75,00 | Diferencias temporarias imponibles  (479) | Impuesto diferido (8301) | 75,00 |
|---|---|---|---|---|

**CIERRE DEL EJERCICIO:**

Al cierre del ejercicio todas las cuentas de los grupos 8 y 9 se traspasan a la cuenta 133 mediante los apuntes siguientes:

| 31/Dic./x | 60,00 | Impuesto diferido (8301) (Saldo cta.: 75 – 15 = 60) | Ajustes por valoración en instrumentos financieros (133) | 60,00 |
|---|---|---|---|---|
| | 50,00 | Beneficios en activos financieros disponibles para la venta  (Cta. 900) (Saldo cta. 900: 50) | Ajustes por valoración en instrumentos financieros (133) | 50,00 |

| | | Transferencia de | |
|---|---|---|---|
| 250,00 | Ajustes por valoración en instrumentos financieros (133) | beneficios en activos financieros disponibles para la venta (802) (Saldo cta. 802: 250) | 250,00 |
| 75,00 | Impuesto corriente (6300) (30% s/ 250) | HP Acreedora por conceptos fiscales (475) | 75,00 |
| 250,00 | Beneficios de disponibles para la venta (7632) | Impuesto corriente (6300) | 75,00 |
| | | Pérdidas y Ganancias (129) | 175,00 |

El ECPN del ejercicio actual, incluyendo la columna del ejercicio anterior, será:

| | | |
|---|---|---|
| A) Resultados de la cuentas de PyG | 175,00 | 0,00 |
| | | |
| B) Ingresos y gastos imputados directamente al patrimonio neto | | |
| Por valoración de activos | 50,00 | 200,00 |
| Efecto impositivo | -15,00 | -60,00 |
| | | |
| Total ingresos y gastos imputados directamente en el patrimonio neto | 35,00 | 140,00 |
| | | |
| C) Transferencias a la cuenta de PyG | | |
| Por valoración de activos | -250,00 | 0,00 |
| Efecto impositivo | 75,00 | |
| | | |
| Total transferencias a la cuenta de PyG | -175,00 | 0,00 |
| | | |
| TOTAL DE INGRESOS Y GASTOS RECONOCIDOS | | |
| A +/- B +/- C | 35,00 | 140,00 |

**EL MAYOR DE LAS DISTINTAS CUENTAS ES EL SIGUIENTE:**

| 250 | | | 572 | | |
|---|---|---|---|---|---|
| 1.000,00 | | | | 1.000,00 | |
| 200,00 | | | | | Cambio de ejercicio |
| 50,00 | 1.250,00 | 1.250,00 | | | |
| | | | | | Cierre de la operación |
| 0 | | | 250 | | Saldo de la cuenta |

| 900 | |
|---|---|
| 200,00 | 200,00 |
| 50,00 | 50,00 |
| 0,00 | |

| 8301 | |
|---|---|
| 60,00 | 60,00 |
| 15,00 | 75,00 |
| 60,00 | |
| 0,00 | |

| 479 | |
|---|---|
| | 60,00 |
| 75,00 | 15,00 |
| 0,00 | |

| 133 | |
|---|---|
| | 140,00 |
| | 60,00 |
| 250,00 | 50,00 |
| 0,00 | |

| 802 | |
|---|---|
| 250,00 | 250,00 |
| 0,00 | |

| 7632 | |
|---|---|
| 250,00 | 250,00 |
| 0,00 | |

| 6300 | |
|---|---|
| 75,00 | 75,00 |
| 0,00 | |

| 475 | |
|---|---|
| | 75,00 |
| | 75,00 |

| 129 | |
|---|---|
| | 175,00 |
| | 175,00 |

El ECPN de esta empresa está indicando los cambios que ha habido en el patrimonio neto. En el primer ejercicio estos cambios están indicando que la empresa en teoría es un poco más rica porque la valoración de la inversión está por encima del valor de compra. Pero como no se ha realizado, este valor es teórico. Valor al mismo tiempo ajustado por el impuesto que en su momento se aplicaría si se realizase. Solamente en el segundo año en que se ha realizado la venta aparece el beneficio en la cuenta de pérdidas y ganancias, la 129, debiendo deshacer los asientos que se hicieron anteriormente para ajustar lo que hubiese sido a lo que realmente ha sido.

# 10.2 EL ESTADO DE FLUJOS DE EFECTIVO

EJEMPLO:

La empresa AAA, S.A. presenta el siguiente balance y cuenta de pérdidas y ganancias al cierre del ejercicio x:

**BALANCE DE SITUACIÓN DEL EJERCICIO Y DEL ANTERIOR:**

| | Ejerc. x | Ejerc. x - 1 | |
|---|---|---|---|
| **ACTIVO NO CORRIENTE** | **1.814,00** | **1.606,00** | |
| Inmovilizado material | 2.360,00 | 2.060,00 | -300 |
| Amortización acumulada | -546,00 | -454,00 | 92 |
| **ACTIVO CORRIENTE** | **2.260,00** | **1.600,00** | |
| Existencias | 900,00 | 700,00 | -200 |
| Clientes | 1.228,00 | 800,00 | -428 |

| | | | |
|---|---|---|---|
| Tesorería | 132,00 | 100,00 | -32 |
| | | | |
| **TOTAL ACTIVO** | **4.074,00** | **3.206,00** | |
| | | | |
| **PATRIMONIO NETO** | **2.279,00** | **2.082,00** | |
| Capital social | 1.400,00 | 1.400,00 | 0 |
| Reservas | 682,00 | 500,00 | 182 |
| Pérdidas y Ganancias | 197,00 | 182,00 | 15 |
| **PASIVO CORRIENTE** | **1.795,00** | **1.124,00** | |
| Proveedores | 830,00 | 606,00 | 224 |
| Acreedores por servicios | 118,00 | 92,00 | 26 |
| Deudas bancarias | 847,00 | 426,00 | 421 |
| | | | |
| **TOTAL PASIVO** | **4.074,00** | **3.206,00** | |

**CUENTAS DE PÉRDIDAS Y GANANCIAS DEL EJERCICIO Y DEL ANTERIOR:**

| | Ejerc. x | Ejerc. x-1 |
|---|---|---|
| Ventas | 6.400,00 | 4.800,00 |
| Coste de ventas | -4.544,00 | -3.360,00 |
| Otros gastos de explotación | -1.408,00 | -1.104,00 |
| Amortización del inmovilizado | -92,00 | -46,00 |
| | | |
| **Beneficio de explotación** | **356,00** | **290,00** |
| | | |
| Gastos financieros | -74,00 | -30,00 |
| | | |
| **Beneficio antes de impuestos** | **282,00** | **260,00** |
| | | |
| IS | -85,00 | -78,00 |
| | | |
| **Beneficio después de impuestos** | **197,00** | **182,00** |

La diferencia de saldo entre los grupos contables del balance se ha realizado en **función del flujo de efectivo**. En el activo un incremento de saldos del ejercicio respecto al anterior implica una disminución de tesorería mientras que en el pasivo es a la inversa.

De acuerdo con la plantilla que establece el propio PGC, el EFE de la empresa al cierre del ejercicio x sería:

| **A) FLUJOS DE EFECTIVO DE LAS ACTIVIDADES DE EXPLOTACIÓN** | | | |
|---|---|---|---|
| 1 | | Resultado del ejercicio antes de impuestos | **282,00** |
| | | | |
| 2 | | Ajustes del resultado | **166,00** |
| | a | + Amortización del inmovilizado | 92,00 |
| | b | ± Correcciones valorativas por deterioro | |
| | c | ± Variación de provisiones | |
| | d | - Imputación de subvenciones | |

| | | | |
|---|---|---|---|
| e | ± | Resultados por bajas y enajenaciones de inmovilizado | |
| f | ± | Resultados por bajas y enajenaciones de instrumentos financieros | |
| g | - | Ingresos financieros | |
| h | + | Gastos financieros | 74,00 |
| i | ± | Diferencias de cambio | |
| j | ± | Variación del valor razonable en instrumentos financieros | |
| k | ± | Otros ingresos y gastos | |
| 3 | | Cambios en el capital corriente | **-378,00** |
| a | ± | Existencias | -200,00 |
| b | ± | Deudores y otras cuentas a cobrar | -428,00 |
| c | ± | Otros activos corrientes | |
| d | ± | Acreedores y otras cuentas a pagar | 250,00 |
| e | ± | Otros pasivos corrientes | |
| f | ± | Otros activos y pasivos no corrientes | |
| | | | |
| 4 | | Otros flujos de efectivo de las actividades de explotación | **-159,00** |
| a | - | Pagos de intereses | -74,00 |
| b | + | Cobros de dividendos | |
| c | + | Cobros de intereses | |
| d | ± | Pagos y cobros por IS | -85,00 |
| | | | |
| 5 | | Flujos de efectivo de las actividades de explotación  (1 + 2 + 3 + 4) | **-89,00** |
| | | | |
| **B) FLUJOS DE EFECTIVO DE LAS ACTIVIDADES DE INVERSIÓN** | | | |
| 6 | | Pagos por inversiones | **-300,00** |
| a | - | Empresas del grupo y asociadas | |
| b | - | Inmovilizado intangible | |
| c | - | Inmovilizado material | -300,00 |
| d | - | Inversiones inmobiliarias | |
| e | - | Otros activos financieros | |
| f | - | Activos no corrientes mantenidos para la venta | |
| g | - | Otros activos | |
| | | | |
| 7 | | Cobros por desinversiones | **0,00** |
| a | + | Empresas del grupo y asociadas | |
| b | + | Inmovilizado intangible | |
| c | + | Inmovilizado material | |
| d | + | Inversiones inmobiliarias | |
| e | + | Otros activos financieros | |
| f | + | Activos no corrientes mantenidos para la venta | |
| g | + | Otros activos | |
| | | | |
| 8 | | Flujos de efectivo de las actividades de inversión  (7 - 6) | **-300,00** |
| | | | |
| **C) FLUJOS DE EFECTIVO DE LAS ACTIVIDADES DE FINANCIACIÓN** | | | |
| 9 | | Cobros y pagos por instrumentos de patrimonio | **0,00** |
| a | ± | Emisión de instrumentos de patrimonio | |
| b | ± | Amortización de instrumentos de patrimonio | |
| c | ± | Adquisición de instrumentos de patrimonio propio | |

| | | | |
|---|---|---|---|
| d | ± | Enajenación de instrumentos de patrimonio propio | |
| e | ± | Subvenciones, donaciones y legados recibidos | |
| | | | |
| 10 | | Cobros y pagos por instrumentos de pasivo financiero | **421,00** |
| a) | | Emisión de | |
| 1 | + | Obligaciones y valores similares | |
| 2 | + | Deudas con entidades de crédito | 421,00 |
| 3 | + | Deudas con empresas del grupo y asociadas | |
| 4 | + | Otras | |
| b) | | Devolución y amortización de: | 0,00 |
| 1 | - | Obligaciones y valores similares | |
| 2 | - | Deudas con entidades de crédito | |
| 3 | - | Deudas con empresas del grupo y asociadas | |
| 4 | - | Otras | |
| | | | |
| 11 | | Pagos por dividendos y remuneraciones de otros instrumentos de patrimonio | **0,00** |
| a | - | Dividendos | |
| b | - | Remuneración de otros instrumentos de patrimonio | |
| | | | |
| 12 | | Flujos de efectivo de las actividades de financiación (9 + 10 + 11) | **421,00** |
| | | | |
| | | **D) EFECTO DE LAS VARIACIONES DE LOS TIPOS DE CAMBIO** | **0,00** |
| | | | |
| | | **E) AUMENTO/DISMINUCIÓN NETA DEL EFECTIVO O EQUIVALENTES (A + B + C +D)** | **32,00** |
| | | | |
| | | EFECTIVO A INICIO DEL EJERCICIO: | 100,00 |
| | | EFECTIVO A FINAL DEL EJERCICIO: | 132,00 |
| | | DIFERENCIA DE EFECTIVO | **32,00** |

| RESUMEN: | |
|---|---|
| A) FLUJOS DE EFECTIVO DE LAS ACTIVIDADES DE EXPLOTACIÓN | -89,00 |
| B) FLUJOS DE EFECTIVO DE LAS ACTIVIDADES DE INVERSIÓN | -300,00 |
| C) FLUJOS DE EFECTIVO DE LAS ACTIVIDADES DE FINANCIACIÓN | 421,00 |
| D) EFECTO DE LAS VARIACIONES DE LOS TIPOS DE CAMBIO | 0,00 |
| E) AUMENTO/DISMINUCIÓN NETA DEL EFECTIVO O EQUIVALENTES | 32,00 |
| | |
| EFECTIVO A INICIO DEL EJERCICIO: | 100,00 |
| EFECTIVO A FINAL DEL EJERCICIO: | 132,00 |
| **DIFERENCIA DE EFECTIVO** | **32,00** |

## RESUMEN DEL CAPÍTULO:

El ECPN o Estado de Cambios del Patrimonio Neto es un estado contable que indica las variaciones que ha habido en el patrimonio.

Estas variaciones pueden deberse tanto a incrementos del patrimonio como a los posibles incrementos que pudiera haber por variación de las valoraciones de determinados activos y pasivos financieros.

Un incremento de patrimonio puede ser la capitalización de beneficios via reservas, legales o voluntarias, por decisión de la junta de accionistas. Un incremento de patrimonio posible es la variación de valoración en un activo financiero disponible para la venta. A esta valoración siempre se le debe aplicar el efecto del impuesto de sociedades. Se pueden utilizar las cuentas de los grupos 8 y 9 si se es PYME, siendo obligatorio en caso contrario. La cuenta 133 será la que mostrará el resultado del patrimonio. Esta cuenta no está afectada por el IS ni puede repartir dividendos hasta el momento en que se realiza el beneficio, que pasará a la cuenta 129.

El estado de flujos de efectivo muestra como ha generado la empresa su efectivo, explicándolo en tres grandes grupos: por las actividades de explotación, las de inversión y las de financiación. El saldo debe coincidir con la diferencia de saldo inicial y final con las cuentas de tesorería, las del grupo 57.

Un análisis del EFE permite explicar y comprender como se ha generado el efectivo y cual ha sido su destino: si éste se ha convertido en líquido y ha sido suficiente o se ha debido obtener de terceros para hacer frente a actividades de inversión y financiación.

# Capítulo 11

# LA CONTABILIDAD Y LA FISCALIDAD

El beneficio contable que refleja la contabilidad es la base de cálculo del Impuesto de Sociedades. Sin embargo, a partir de aquí, la fiscalidad sigue otros caminos hasta llegar a la base sobre la que se aplicará el tipo de gravamen.

Hay gastos que fiscalmente no tienen tal consideración, gastos que habrá que periodificar y que se aplicarán en distintos ejercicios, etc... Este es el objetivo de este capítulo: el análisis y visión de las diferencias que hay entre el beneficio contable y el beneficio fiscal.

## 11.1 LA ESTRUCTURA DEL IS

El Impuesto de Sociedades parte del beneficio contable, siendo éste el punto de partida. Basta con consultar el artículo 10, punto 3 de la LIS, donde se indica claramente el proceso a seguir:

"*Artículo 10. Concepto y determinación de la base imponible.*

*...*

*3. En el método de estimación directa, la base imponible se calculará, corrigiendo, mediante la aplicación de los preceptos establecidos en esta Ley, **el resultado contable** determinado de acuerdo con las normas previstas en el Código de Comercio, en las demás Leyes relativas a dicha determinación y en las disposiciones que se dicten en desarrollo de las citadas normas*".

El esquema que sigue el Impuesto de Sociedades es el siguiente:

| |
|---|
| + BENEFICIO CONTABLE |
| - AJUSTES NEGATIVOS |
| + AJUSTES POSITIVOS |
| - COMPENSACIÓN BASES IMPONIBLES NEGATIVAS |
| **= BASE IMPONIBLE** |
| x TIPO DE GRAVAMEN% |
| **= CUOTA ÍNTEGRA** |
| - DEDUCCIONES DIVIDENDOS |
| - DOBLE IMPOSICIÓN INTERNACIONAL |
| - BONIFICACIONES |
| - DEDUCCIONES INVERSIONES |
| **= CUOTA LÍQUIDA** |
| - RETENCIONES Y PAGOS A CUENTA |
| **= CUOTA A INGRESAR O A DEVOLVER)** |

Por tanto, en base a todo esto, podría resumirse en el siguiente esquema:

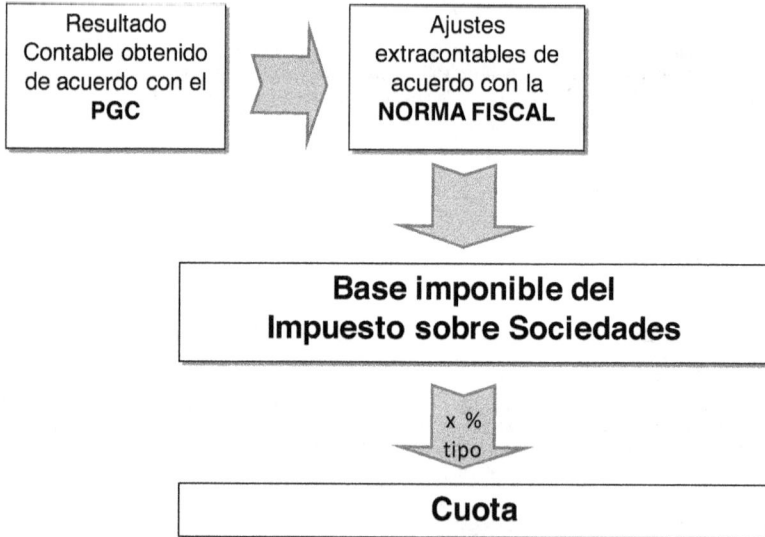

| Resultado Contable obtenido de acuerdo con el **PGC** | → | Ajustes extracontables de acuerdo con la **NORMA FISCAL** |
|---|---|---|

↓

**Base imponible del Impuesto sobre Sociedades**

↓ x % tipo

**Cuota**

# 11.2 AJUSTES EXTRACONTABLES

Al resultado contable hay que aplicarle una serie de ajustes que vienen determinados porque la normativa fiscal no contempla como gastos una serie de ellos que contablemente tienen esta consideración. De la misma manera, una serie de ingresos que contablemente no tienen esta consideración, fiscalmente la tienen.

Este proceso de adaptación de la normativa contable a fiscal se realiza aplicando una serie de ajustes. Estos pueden ser:

AJUSTES POSITIVOS, o ajustes que incrementan el resultado contable por no tener la consideración de gastos desde el punto de vista fiscal:

- Excesos de dotación por provisiones.
- Excesos de dotación de las amortizaciones.
- Amortización de elementos no amortizables.
- Rendimientos presuntos por la cesión de bienes y derechos.
- Periodificación incorrecta.
- Multas y sanciones.
- Gastos no justificados suficientemente.
- Las pérdidas en el juego.
- Liberalidades y donativos no justificados.
- Distribución beneficios contabilizados como gasto.
- Reinversión beneficios extraordinarios.
- Operaciones a plazo o con precio aplazado.
- Gastos relacionados con paraísos fiscales no justificados suficientemente.

PRINCIPALES AJUSTES NEGATIVOS, o ajustes que disminuyen el resultado contable:

- Donaciones deducibles.
- Diferimiento por reinversión de los beneficios extraordinarios.
- Excesos de amortización aplicados en ejercicios anteriores.
- Aplicación de la libertad de amortización en determinados casos.
- Gastos contabilizados en ejercicios anteriores a su devengo.
- Bases Imponibles negativas imputadas por UTE y AIE.

Estos ajustes si no se pueden aplicar en un determinado ejercicio pero lo pueden hacer en los siguientes, se denominan diferencias temporales. Sería el caso de periodificaciones incorrectas o excesos de amortizaciones.

Si estos ajustes no se pueden aplicar ni en el ejecicio presente ni en futuros, se convierten en una diferencia permanente. Sería el caso de los ajustes positivos por multas y sanciones. Una vez aplicados estos ajustes se obtendrá el resultado contable ajustado al que solo faltará aplicar las bases negativas de ejercicios anteriores, en el caso de que las hubiese.

## 11.3 LAS CORRECCIONES DE VALOR

Una de las correcciones que pueden aplicarse y que tienen una serie de ventajas que deben valorarse, son las amortizaciones.

En el capítulo dedicado al inmovilizado se han visto los asientos correspondientes a las amortizaciones. Y los principios por los que se rigen:

- La amortización nace por el desgaste producido por la utilización física, por acción del progreso técnico o el simple paso del tiempo.
- El inicio de la amortización será siempre cuando se realice la puesta en marcha de las instalaciones objeto de la misma.
- No se puede cambiar de criterio de amortización una vez iniciada la de un determinado inmovilizado.
- A no ser que se aplique alguno de estos criterios: aplicación de coeficientes, planes especiales de amortización, amortización degresiva o libertad de amortización aprobada por la Administración, deberá justificarse la efectividad de la depreciación.
- Como activos no amortizables serán los terrenos y las inmovilizaciones en curso.
- La base de cálculo de la amortización será siempre el valor contable.
- El requisito básico es que toda amortización debe estar contabilizada.

La Ley 16/2007, de 4 de julio, de reforma y adaptación de la legislación mercantil en materia contable para su armonización internacional con base en la normativa de la Unión Europea, en la Disposición Adicional Octava, de modificación del Texto Refundido de la Ley del Impuesto sobre Sociedades, aprobado por el Real Decreto Legislativo 4/2004, de 5 de marzo, establece una nueva redacción para el tratamiento de las amortizaciones contables.

*"1. Con efectos para los períodos impositivos que se inicien a partir de 1 de enero de 2008, se introducen las siguientes modificaciones en el Texto Refundido de la Ley del Impuesto sobre Sociedades, aprobado por el Real Decreto Legislativo 4/2004, de 5 de marzo:*

*Uno. Se da nueva redacción al artículo 11 que quedará redactado de la siguiente manera:*

**Artículo 11. Correcciones de valor: amortizaciones.**

*1. Serán deducibles las cantidades que, en concepto de amortización del inmovilizado material, intangible y de las inversiones inmobiliarias, correspondan a la depreciación efectiva que sufran los distintos elementos por funcionamiento, uso, disfrute u obsolescencia.*

*Se considerará que la depreciación es efectiva cuando:*

  *a) Sea el resultado de aplicar los coeficientes de amortización lineal establecidos en las tablas de amortización oficialmente aprobadas.*

b) *Sea el resultado de aplicar un porcentaje constante sobre el valor pendiente de amortización.*

*El porcentaje constante se determinará ponderando el coeficiente de amortización lineal obtenido a partir del período de amortización según tablas de amortización oficialmente aprobadas, por los siguientes coeficientes:*

1. *1,5, si el elemento tiene un período de amortización inferior a cinco años.*

2. *2, si el elemento tiene un período de amortización igual o superior a cinco años e inferior a ocho años.*

3. *2,5, si el elemento tiene un período de amortización igual o superior a ocho años.*

*El porcentaje constante no podrá ser inferior al 11 %.*

*Los edificios, mobiliario y enseres no podrán acogerse a la amortización mediante porcentaje constante.*

c) *Sea el resultado de aplicar el método de los números dígitos.*

*La suma de dígitos se determinará en función del período de amortización establecido en las tablas de amortización oficialmente aprobadas. Los edificios, mobiliario y enseres no podrán acogerse a la amortización mediante números dígitos.*

d) *Se ajuste a un plan formulado por el sujeto pasivo y aceptado por la Administración tributaria.*

e) *El sujeto pasivo justifique su importe.*

*Reglamentariamente se aprobarán las tablas de amortización y el procedimiento para la resolución del plan a que se refiere el párrafo d).*

*2. Podrán amortizarse libremente:*

a) *Los elementos del inmovilizado material, intangible e inversiones inmobiliarias de las sociedades anónimas laborales y de las sociedades limitadas laborales afectos a la realización de sus actividades, adquiridos durante los cinco primeros años a partir de la fecha de su calificación como tales.*

b) *Los activos mineros en los términos establecidos en el artículo 97.*

c) *Los elementos del inmovilizado material e intangible, excluidos los edificios, afectos a las actividades de investigación y desarrollo. Los edificios podrán amortizarse, por partes iguales, durante un período de 10 años, en la parte que se hallen afectos a las actividades de investigación y desarrollo.*

d) *Los gastos de investigación y desarrollo activados como inmovilizado intangible, excluidas las amortizaciones de los elementos que disfruten de libertad de amortización.*

e) *Los elementos del inmovilizado material o intangible de las entidades que tengan la calificación de explotaciones asociativas prioritarias de acuerdo con lo dispuesto en la Ley 19/1995, de 4 de julio, de modernización de las explotaciones agrarias, adquiridos durante los cinco primeros años a partir de la fecha de su reconocimiento como explotación prioritaria.*

*Las cantidades aplicadas a la libertad de amortización incrementarán la base imponible con ocasión de la amortización o transmisión de los elementos que disfrutaron de aquélla.*

*3. Siempre que el importe a pagar por el ejercicio de la opción de compra o renovación, en el caso de cesión de uso de activos con dicha opción, sea inferior al importe resultante de minorar el valor del activo en la suma de las cuotas de amortización máximas que corresponderían a éste dentro del tiempo de duración de la cesión, la operación se considerará como arrendamiento financiero.*

*Cuando el activo haya sido objeto de previa transmisión por parte del cesionario al cedente, la operación se considerará como un método de financiación y el cesionario continuará la amortización de aquél en idénticas condiciones y sobre el mismo valor anterior a la transmisión. Los activos a que hace referencia este apartado podrán también amortizarse libremente en los supuestos previstos en el apartado anterior.*

*4. Serán deducibles con el límite anual máximo de la décima parte de su importe, las dotaciones para la amortización del inmovilizado intangible con vida útil definida, siempre que se cumplan los siguientes requisitos:*

a) *Que se haya puesto de manifiesto en virtud de una adquisición a título oneroso.*

b) *Que la entidad adquirente y transmitente no formen parte de un grupo de sociedades según los criterios establecidos en el artículo 42 del Código de Comercio, con independencia de la residencia y de la obligación de formular cuentas anuales consolidadas. Si ambas entidades forman parte de un grupo, la deducción se aplicará respecto del precio de adquisición del inmovilizado satisfecho por la entidad transmitente cuando lo hubiera adquirido de personas o entidades no vinculadas.*

*Las dotaciones para la amortización del inmovilizado intangible que no cumplan los requisitos previstos en los párrafos a) y b) anteriores serán deducibles si se prueba que responden a una pérdida irreversible de aquel'.*

En el cuadro siguiente se pueden ver la distintas tablas de amortización que pueden aplicarse utilizando un sistema u otro. Al final del período de 10 años, se habrá amortizado el total, en cualquiera de los tres sistemas utilizados.

BIEN:               500.000,00 €
PERÍODO:              10 años

| | LINEAL | PORCENTAJE CONSTANTE | SISTEMA DE DÍGITOS |
|---|---|---|---|
| 1 | 50.000,00 | 125.000,00 | 90.909,09 |
| 2 | 50.000,00 | 93.750,00 | 81.818,18 |
| 3 | 50.000,00 | 70.312,50 | 72.727,27 |
| 4 | 50.000,00 | 52.734,38 | 63.636,36 |
| 5 | 50.000,00 | 39.550,78 | 54.545,45 |
| 6 | 50.000,00 | 29.663,09 | 45.454,55 |
| 7 | 50.000,00 | 22.247,31 | 36.363,64 |
| 8 | 50.000,00 | 16.685,49 | 27.272,73 |
| 9 | 50.000,00 | 12.514,11 | 18.181,82 |
| 10 | 50.000,00 | 37.542,34 | 9.090,91 |
| TOTAL: | 500.000,00 | 500.000,00 | 500.000,00 |

Sin embargo, teniendo en cuenta un período, por ejemplo, de tres años, la incidencia de la amortización en la cuenta de pérdidas y ganancias sería la siguiente:

| | | | |
|---|---|---|---|
| 1 | 50.000,00 | 125.000,00 | 90.909,09 |
| 2 | 50.000,00 | 93.750,00 | 81.818,18 |
| 3 | 50.000,00 | 70.312,50 | 72.727,27 |
| 4 | 50.000,00 | 52.734,38 | 63.636,36 |
| 5 | 50.000,00 | 39.550,78 | 54.545,45 |
| 6 | 50.000,00 | 29.663,09 | 45.454,55 |
| 7 | 50.000,00 | 22.247,31 | 36.363,64 |
| 8 | 50.000,00 | 16.685,49 | 27.272,73 |
| 9 | 50.000,00 | 12.514,11 | 18.181,82 |
| 10 | 50.000,00 | 37.542,34 | 9.090,91 |
| TOTAL: | 500.000,00 | 500.000,00 | 500.000,00 |

| 3 primeros años | 150.000,00 | 289.062,50 | 245.454,55 |
|---|---|---|---|

La selección de un sistema u otro deberá realizarse siempre a la vista del presupuesto que disponga la empresa. En el entendido que debe ser el que debe tener cualquier empresa y que le ha de marcar el camino por donde ir a lo largo del ejercicio.

El estudio de las distintas desviaciones que se vayan produciendo será el que dirá qué errores se han producido o las oportunidades que no estaban previstas y que se han sabido aprovechar.

Desde el punto de vista fiscal, la opción de una amortización u otra hará que la empresa se pueda acoger al diferimiento de impuestos, cuyo coste siempre será nulo. A lo largo de todos los años de amortización, desde el punto de vista fiscal se pagará lo mismo. La ventaja será que este pago, en según qué caso, se habrá diferido sin ningún coste adicional.

En el ejemplo anterior, el coste de oportunidad por el diferimiento será, en el conjunto de los tres años, el siguiente:

| | |
|---|---|
| Porcentaje constante sobre lineal: | 289.062,50 |
| | 150.000,00 |
| diferencia: | 139.062,50 |
| Diferimiento al tipo del 25%: | **34.765,63** |

| | |
|---|---|
| Dígitos sobre lineal: | 245.454,55 |
| | 150.000,00 |
| diferencia: | 95.454,55 |
| Diferimiento al tipo del 25%: | **23.863,64** |

Esta decisión se deberá tomar siempre en base al objetivo final que tenga la sociedad. Si éste se desconoce, las decisiones se tomarán a la ligera y si se acierta será por casualidad.

Valga la pena repetir aquí otra vez que el diferimiento no significa que se deje de pagar. Si no que simplemente se aplaza a un coste cero el pago del impuesto. Esto se puede ver si se rehace el cuadro anterior con los tres últimos años en lugar de los tres primeros.

| | |
|---|---|
| Porcentaje constante / lineal: | 66.741,94 |
| | 150.000,00 |
| diferencia: | -83.258,06 |
| Diferimiento al tipo del 25% | **-20.814,52** |

| | |
|---|---|
| Dígitos / lineal: | 54.545,45 |
| | 150.000,00 |
| diferencia: | -95.454,55 |
| Diferimiento al tipo del 25% | **-23.863,64** |

En este período de los tres últimos años se pagará más por cualquiera de los dos sistemas decrecientes que por el lineal. Pero no será mas que la consecuencia de haberlo dejado de pagar al inicio, sin ningún tipo de coste añadido.

No sólo se deben analizar las ventajas o inconvenientes del diferimiento, sino también la incidencia en la cuenta de pérdidas y ganancias. Y sólo se podrá analizar bajo el prisma de los objetivos que se pretenden conseguir.

# 11.4 LA AMORTIZACIÓN ACELERADA

En el punto anterior se ha visto la aplicación de las correcciones de valor, la cual se contabiliza tanto contablemente como fiscalmente. En este punto se va a ver la facilidad que da la administración para aplicar correcciones en la amortización que se aplican solamente desde el punto de vista fiscal, sin intervenir el contable, lo cual provocará una serie de ajustes negativos y positivos a lo largo de la vida del bien permitiendo por ello un diferimiento del impuesto de sociedades.

Sería el caso de los bienes adquiridos mediante un contrato de arrendamiento financiero o elementos que se pueden acoger a la libertad de amortización.

La empresa que obtiene el uso del bien en régimen de arrendamiento financiero o *leasing* puede deducirse en la liquidación del Impuesto de Sociedades, según el artículo 115 del Texto Refundido del Impuesto sobre Sociedades en los siguientes conceptos:

a) Carga financiera de la operación.

b) El parte del principal pagado hasta el límite de aplicar el doble del máximo coeficiente lineal según las tablas de amortización lineal del citado bien. En este aspecto hay que tener en cuenta que dicha cuantía no puede superar el importe pagado en concepto de recuperación del coste del bien durante el ejercicio.

c) En el caso de las empresas cuya cifra de negocios durante el ejercicio inmediatamente anterior sea inferior a 8.000.000 euros, lo cual quiere decir que tendrán la consideración de empresa de reducida dimensión, se tomará el triple.

d) En el caso de que se trate de un *leasing* efectuado sobre un inmueble la parte de recuperación de activos no amortizables no es deducible. Esto quiere decir que la parte del coste del inmueble imputable al solar no será deducible.

e) El IVA es compensable.

En el ejemplo siguiente se puede ver el efecto fiscal y los ajustes a realizar en este caso:

EJEMPLO:

Una empresa se plantea la compra de un bien cuyo valor es de 8.000 €. La amortización a aplicar será mediante el sistema lineal. La financiación será con un arrendamiento financiero y un plazo de cinco años, con una amortización del principal de acuerdo con la tabla que puede verse a continuación.

| PLAZO | AMORT. CONTABLE | PRINCIPAL | LÍMITE | DIFERENCIA TEMPORAL | EXCESO | EFECTO IMPOSITIVO |
|---|---|---|---|---|---|---|
| 1 | 800 | 1.490 | 1.600 | -690 | 0 | -207 |
| 2 | 800 | 1.542 | 1.600 | -742 | 0 | -223 |
| 3 | 800 | 1.598 | 1.600 | -798 | 0 | -239 |
| 4 | 800 | 1.655 | 1.600 | -800 | 55 | -240 |
| 5 | 800 | 1.715 | 1.600 | -800 | 115 | -240 |
| 6 | 800 | | 1.600 | 630 | | 189 |
| 7 | 800 | | 1.600 | 800 | | 240 |
| 8 | 800 | | 1.600 | 800 | | 240 |
| 9 | 800 | | 1.600 | 800 | | 240 |
| 10 | 800 | | 1.600 | 800 | | 240 |
| | | | | | | |
| TOTAL: | 8.000 | 8.000 | | 0 | 170 | 0 |

Desde el punto de vista contable se aplicará la amortización lineal: 800 € por ejercicio. Desde el punto de vista fiscal se podrá amortizar también una parte del principal con el límite del doble de la amortización lineal. Este doble se convierte en el triple si la empresa es de reducida dimensión.

Por tanto, el efecto impositivo a lo largo de toda la vida del bien será nulo lógicamente, pero se producirá un diferimiento de lo que debería pagarse los cinco primeros años a los cinco siguientes, a coste cero. Este mismo sistema sería de aplicación para los casos en los que la ley permite una amortización acelerada. Valga para ello el siguiente ejemplo con la reinversión de beneficios.

EJEMPLO:

La empresa ha vendido un inmovilizado reinvirtiendo el beneficio obtenido en un nuevo inmovilizado. Este nuevo inmovilizado le ha costado 200.000 €, habiendo obtenido de la venta del primero un beneficio de 190.000 €. La amortización que se aplicará anualmente a este nuevo bien será del 12,5% siendo el tipo impositivo del 25%.

| EJERCICIO | AMORT. FISCAL | AMORT. CONTABLE | AMORT. ACUMUL. | DIFERENCIA | AHORRO CON IS |
|---|---|---|---|---|---|
| 1 | 200.000,00 | 25.000,00 | 25.000,00 | 175.000,00 | 43.750,00 |
| 2 | 0,00 | 25.000,00 | 50.000,00 | -25.000,00 | -6.250,00 |
| 3 | 0,00 | 25.000,00 | 75.000,00 | -25.000,00 | -6.250,00 |
| 4 | 0,00 | 25.000,00 | 100.000,00 | -25.000,00 | -6.250,00 |
| 5 | 0,00 | 25.000,00 | 125.000,00 | -25.000,00 | -6.250,00 |
| 6 | 0,00 | 25.000,00 | 150.000,00 | -25.000,00 | -6.250,00 |
| 7 | 0,00 | 25.000,00 | 175.000,00 | -25.000,00 | -6.250,00 |
| 8 | 0,00 | 25.000,00 | 200.000,00 | -25.000,00 | -6.250,00 |
| TOTAL: | 200.000,00 | 200.000,00 | | 0,00 | 0,00 |

La amortización del primer año, 25.000 €, más la fiscal, 175.000 €, permiten amortizar completamente el bien, produciendo un diferimiento del impuesto de 43.750 €, al tipo del 25%.

Los años siguientes seguirán amortizando los importes correspondientes a la amortización contable, pero a nivel fiscal habrá que aplicar un ajuste negativo por haberse amortizado ya completamente desde este punto de vista, lo que producirá un incremento del beneficio fiscal en el importe de la amortización contable aplicada, que se traducirá al tipo del 25% del IS en un pago de más de 6.250 €.

# RESUMEN DEL CAPÍTULO:

El Impuesto de Sociedades se obtiene a partir del resultado contable, al que se le aplican una serie de ajustes positivos y negativos que incrementan o disminuyen éste. También se aplican a este resultado las bases negativas de años anteriores. El tipo calculado sobre esta base dará la cuota a pagar.

A esta cuota se le pueden aplicar descuentos que varían en función de la política fiscal de la administración, ya que es el medio que tiene ésta para incentivar o retraer la economía.

La empresa tiene unos medios también para diferir el impuesto de sociedades. Estos medios son de aplicación contable y fiscal, como pueden ser los distintos sistemas de amortización o solamente fiscal, como pueden ser las ventajas derivadas de la financiación de inmovilizados mediante el arrendamiento financiero o determinados casos en los que se puede aplicar la amortización acelerada.

Esta aplicación debe estar respaldada por el presupuesto realizado por la empresa que le marca el camino deseable por donde discurrir su actividad y que le permite analizar las desviaciones que vayan surgiendo.

# Capítulo 12

# ANÁLISIS DE LOS ESTADOS CONTABLES

Como cualquier actividad humana, la contabilidad sirve de bien poco si se queda en un mero ejercicio mecánico y no se analizan los distintos estados que facilita.

En este capítulo se explica mediante un sencillo ejemplo el análisis del balance al que hay que añadir el análisis del EFE que ya se ha visto en el capítulo primero, apartado 1.4.2.

## 12.1 ANÁLISIS DEL BALANCE Y DE LA CUENTA DE PÉRDIDAS Y GANANCIAS

El análisis más simple debe realizarse sobre los grandes grupos que constituyen el balance. Sirva para ello el siguiente ejemplo.

EJEMPLO:

Una vez cerrado el ejercicio, la empresa realiza la siguiente agrupación de las distintas cuentas de su balance, comparando cada una de ellas con las del ejercicio precedente, indicando en cada una de ellas el porcentaje que representa su importe sobre el total:

| ACTIVO | EJERCICIO ACTUAL | | EJERCICIO ANTERIOR | |
|---|---|---|---|---|
| Inmovilizado intangible | 1.340,00 | 9,95% | 210,00 | 1,08% |
| Inmovilizado material | 5.420,00 | 40,24% | 5.320,00 | 45,53% |
| Existencias | 3.630,00 | 26,95% | 3.260,00 | 27,90% |
| Realizable | 2.430,00 | 18,04% | 2.545,00 | 21,78% |
| Disponible | 650,00 | 4,83% | 350,00 | 3,00% |
| TOTAL: | 13.470,00 | 100,00% | 11.685,00 | 100,00% |

| PASIVO | EJERCICIO ACTUAL | | EJERCICIO ANTERIOR | |
|---|---|---|---|---|
| Fondos propios | 6.485,00 | 48,14% | 4.995,00 | 42,75% |
| Exigible a largo plazo | 4.110,00 | 30,51% | 4.230,00 | 36,20% |
| Exigible a corto plazo | 2.875,00 | 21,43% | 2.460,00 | 21,05% |
| **TOTAL:** | **13.470,00** | 100,00% | **11.685,00** | 100,00% |

Los principales ratios podrían ser los siguientes, con indicación de lo que podría ser aconsejable. Esta indicación se debe considerar a título general, debiéndose adaptar a cada empresa en función de sus características particulares.

| | EJERCICIO ACTUAL | EJERCICIO ANTERIOR | ACONSEJABLE |
|---|---|---|---|
| **GARANTÍA:**<br><br>Activo / Total Exigible | 1,747 | 1,928 | 2 |
| **SOLVENCIA:**<br><br>Activo Circulante / Exigible a corto plazo | 2,502 | 2,334 | 1,6 |
| **TESORERÍA:**<br><br>Activo Financiero / Exigible a corto plazo | 1,177 | 1,071 | 1 |
| **DISPONIBILIDAD:**<br><br>Disponible / Exigible a corto plazo | 0,142 | 0,226 | 0,1 |
| **ENDEUDAMIENTO:**<br>Total Exigible / Capital | 1,339 | 1,077 | 1 |

Con estos ratios, ¿qué es lo que se quiere analizar? Ciertamente si se sabe responder a esta pregunta querrá decir que se entienden estos ratios y se podrá encontrar el más aconsejable para la propia empresa independientemente de lo que pueda decirse en los manuales de análisis de balances.

**GARANTÍA**: (Activo / Total Exigible)

Este ratio expresa la capacidad de la empresa en garantizar sus deudas. Si el resultado de este ratio fuese 1 querría decir que el total del activo es igual al total del exigible, o dicho de otra manera, que el capital sería cero. Es aconsejable que sea 2 el resultado porque indicará que el capital equivale al total exigible.

**SOLVENCIA**: (Activo Circulante / Exigible a corto plazo)

Este ratio indica que la deuda a corto plazo que tiene la empresa equivale al ciclo del corto plazo que genera la empresa. Este ratio debe matizarse porque no siempre el corto plazo del exigible corresponde al corto plazo que corresponde al activo circulante. Sin embargo, sirve de orientación, pero con matices.

El responsable de la empresa debe vigilar tanto el plazo al que debe hacer frente en sus deudas como su contrapartida, que es la generación para disponer de recursos para afrontar su pago. Y esta generación es la de saber vender sus existencias y cobrarlas. En caso contrario deberá destinar parte de sus recursos a largo plazo para financiar el corto.

**TESORERIA**:  (Activo Financiero / Exigible a corto plazo)

Capacidad para convertir sus activos financieros en disponible para hacer frente a su exigible. Como aconsejable es 1, indicando que con lo que la empresa ha invertido financieramente a corto plazo puede hacer frente a su exigible también a corto. Este ratio se complementa con el siguiente.

**DISPONIBILIDAD**:  (Disponible / Exigible a corto plazo)

Este ratio indica la capacidad que tiene la empresa para hacer frente con su líquido a su exigible a corto plazo. Estará en función de los plazos medios de pago que tenga establecido. Como aconsejable se establece 0,1 indicando esto que debe tenerse como mínimo un 10% del exigible en liquidez. Esto presupone que el total de la deuda a corto plazo está repartida de forma parecida por meses a lo largo del año. Si como máximo esta deuda a corto plazo fuese a 90 días, el ratio debería convertirse como aconsejable en 0,3-0,4. Es importante por tanto, analizar la situación de la empresa y adaptar el ratio deseable a la misma. Se supone que en el aconsejable 0,1 hay préstamos de bancos y otros compromisos, tipo *leasing*, repartidos por igual a lo largo de los doce meses.

**ENDEUDAMIENTO**:  (Total Exigible / Capital)

Este ratio complementa al primero, el de la garantía. Indica la parte del total exigible que está garantizada por el capital. En sintonía de lo que se indicaba en aquel, es deseable que todo el exigible esté respaldado por el capital.

Conviene también realizar el análisis de la cuenta de pérdidas y ganancias. En ésta hay dos puntos que deben comprobarse de forma regular. Por una parte el reparto de magnitudes mediante porcentaje sobre el total de ventas. Y por la otra, saber cual es el umbral de rentabilidad, o facturación mínima para poder mantener la empresa sin ningún beneficio.

Antes de pasar a cualquier análisis, es importante también saber cual es la distribución de gastos entre variables y fijos. Entendemos aquéllos como los que varían, incrementándose o disminuyendo en función de las ventas realizadas. Y los fijos como aquéllos que sea cual sea el grado de actividad de la empresa se debe hacer frente a ellos y no tienen variación.

Si se pone por caso el recibo de la electricidad, habrá que calcular la parte que hay que pagar por la parte fija se consuma la cantidad que sea y el coste de la electricidad consumida que variará en función de la actividad realizada.

EJEMPLO:

Si suponemos que la empresa presenta esta cuenta de pérdidas y ganancias, el análisis de la misma será el siguiente:

| VENTAS | 38.870,00 | 100,00% |
|---|---|---|
| - COSTE VENTAS | 21.110,00 | 54,31% |
| - GASTOS VARIABLES | 3.200,00 | 8,23% |
| | | |
| MARGEN BRUTO | 14.560,00 | 37,46% |
| | | |
| - GASTOS FIJOS | 8.935,00 | 22,99% |
| | | |
| BENEFICIO ANTES DE IMPUESTOS | 5.625,00 | 14,47% |

El cálculo del umbral de rentabilidad será el siguiente, entendido como la cantidad de facturación necesaria mínima para poder mantener la empresa sin que se produzcan beneficios ni pérdidas.

| VENTAS | 23.853,00 | 100,00% |
|---|---|---|
| - COSTE VENTAS | 12.955,00 | 54,31% |
| - GASTOS VARIABLES | 1.963,00 | 8,23% |
| | | |
| MARGEN BRUTO | 8.935,00 | 37,46% |
| | | |
| - GASTOS FIJOS | 8.935,00 | 37,46% |
| | | |
| BENEFICIO ANTES DE IMPUESTOS | 0,00 | 0,00% |

Para poder realizar este cálculo se debe partir de los gastos fijos que son los que el margen entre facturación y gastos variables debe cubrir. Si el margen bruto debe ser el de los gastos fijos, en este caso 8.935,00 €, y éste es en la cuenta de pérdidas y ganancias el 37,46% de la facturación, bastará hacer una simple proporción para calcular el total de la facturación necesaria. Y de la misma manera habrá de operar para calcular el coste de las ventas y los gastos variables, cuya diferencia debe cubrir el total de los gastos fijos, dando como resultado un beneficio cero.

La vigilancia atenta de estas variables permitirá a la empresa poder ajustar su actividad y si conviene, sus gastos fijos a las distintas contingencias que sucedan en la economía.

## 12.2 ANÁLISIS DEL EFE

En el capítulo primero ya se ha hecho mención al explicar el EFE al análisis que conviene hacer de él.

Este estado contable ayuda a responder una serie de preguntas que puede hacerse el empresario:

- ¿Si la empresa ha tenido beneficio, dónde está colocado éste si no está en el banco?

- ¿Si la empresa ha invertido en nuevo inmovilizado, le ha sido suficiente la generación de recursos con el beneficio obtenido o ha tenido que recurrir a financiación de terceros?

- ¿Es suficiente la propia generación de recursos frente a un plan de expansión futuro? ¿Habrá que recurrir a la financiación de terceros?

No hace falta repetir aquí el ejemplo que aparece en dicho capítulo, pero a pesar que es un estado que no es obligatorio complementar para las PYMES, si que es conveniente hacerlo para poder tener una respuesta clara y suficiente a las preguntas anteriores. En el capítulo décimo, en el punto 10.2 hay también otro ejemplo que muestra su confección.

## 12.3 ANÁLISIS DEL ECPN

El ECPN se ha analizado también en el capítulo décimo, mostrando la mecánica de su confección. Es importante tener en cuenta que muestra una doble faceta de los incrementos o disminuciones del patrimonio.

Por una parte muestra los incrementos de patrimonio reales, por aumentos de capital, reservas, etc. Y por otra los incrementos o disminuciones de patrimonio que podrían producirse si se mantienen unas determinadas condiciones y se llevasen a cabo las condiciones que en el estado financiero se indican.

Sería el caso de los efectos que tendría una posible enajenación de activos financieros disponibles para la venta si se realizase ésta en las condiciones que se dan en aquel momento. A pesar de que no se realiza tal acción.

Un análisis cuidadoso del ECPN puede evitar o al menos preveer variaciones inesperadas en el patrimonio neto de la empresa.

## 12.4 LA PREVISIÓN DE TESORERÍA

La previsión de tesorería no es ningún estado contable. Es un documento extracontable que se nutre de los datos suministrados de la contabilidad y ayuda a controlar los flujos de tesorería para poder hacer frente a los pagos. Un control eficiente de ésta evitará desagradables sorpresas a la hora de realizar los pagos.

Es un estado extracontable que se compone de varios grupos de datos:

**SALDO INICIAL**: Se partirá del saldo disponible de tesorería en caja y bancos. Por tanto, no estará incluido el saldo en cuentas de ahorro o a término, que no es líquido a breve plazo.

**COBROS**: Han de ser las entradas que obtendrá la empresa en dicho periodo de tiempo:

- Previsión de facturación y cobro de la misma en dicho periodo, o cobro de ventas realizadas en periodos anteriores.
- Recibos, letras y/o cheques en cartera.
- Ingresos previstos por otros servicios.

En estos cobros se ha de calcular el total de los mismos. En el siguiente apartado se incluirán los posibles gastos a los que se deberá hacer frente para hacer efectivos estos ingresos, como podrían ser los gastos de liquidación de remesas de efectos presentados al banco para su descuento.

**PAGOS**: Serán todas las salidas y necesidades de líquido en el periodo de referencia. Los puntos a tener en cuenta serán:

- Pagos a proveedores y/o acreedores a realizar en dicho periodo.
- El pago de los sueldos y salarios.
- El pago de las cuotas de la Seguridad Social.
- Comisiones a pagar a vendedores.
- Pagos de impuestos como el IRPF, IVA o Sociedades al final de los trimestres correspondientes.
- Necesidades de caja para los gastos corrientes.
- Pagos de recibos de luz, teléfono o agua y similares.
- Recibos de asesorías u otros acreedores presentados al cobro por el banco.
- Cuotas de los distintos préstamos de los bancos o de *leasing*.
- Recibos de alquileres.
- Gastos imprevistos.

La distribución se debe realizar mediante una plantilla, que al incluir fórmulas, es mejor que se realice mediante una hoja de cálculo. En el supuesto siguiente se puede ver de forma práctica la realización del control de tesorería.

EJEMPLO:

| SEMANA: | SEM. 1 | SEM. 2 | SEM. 3 | SEM. 4 | SEM. 5 |
|---|---|---|---|---|---|
| **SALDO INICIAL** | 2.500 | 3.805 | 2.993 | 2.913 | 4.223 |
| | | | | | |
| **COBROS:** | | | | | |
| FACTURACIÓN | 1.200 | 500 | 600 | 1.400 | 3.800 |
| CARTERA | 300 | | 50 | 30 | |
| OTROS | 50 | 5 | | 10 | |
| **TOTAL COBROS** | **1.550** | **505** | **650** | **1.440** | **3.800** |

| PAGOS | | | | | |
|---|---|---|---|---|---|
| DÍA 15 | | 1.200 | | | |
| DÍA 30 | | | | | 2.100 |
| IMPUESTOS | | | 500 | | |
| GASTOS BANCO | | 10 | | 3 | |
| PRÉSTAMOS | 200 | 40 | | | 140 |
| COMISIONES | 10 | | 80 | 7 | |
| NECESID. CAJA | 5 | 7 | 10 | 90 | 25 |
| ANTICIPOS | | 50 | | | |
| LEASING | | | 100 | | |
| SUELDOS | | | | | 1.300 |
| SEGUR. SOCIAL | | | | | 650 |
| OTROS | 30 | 10 | 40 | 30 | 12 |
| **TOTAL PAGOS** | **245** | **1.317** | **730** | **130** | **4.227** |
| | | | | | |
| SALDO PERÍODO | 1.305 | -812 | -80 | 1.310 | -427 |
| | | | | | |
| **SALDO FINAL** | **3.805** | **2.993** | **2.913** | **4.223** | **3.796** |

El saldo final de la semana 1 es el saldo inicial de la semana 2 y así sucesivamente.

## RESUMEN DEL CAPÍTULO:

Servirá de bien poco llevar la contabilidad al día si no se realizan los análisis pertinentes del balance, la cuenta de pérdidas y ganancias, del ECPN y del EFE, a pesar de que algunos de estos estados se hagan obligatoriamente solo al cierre del ejercicio.

La contabilidad al día facilita poder conocer los saldos de las distintas cuentas y poder realizar cierres parciales periodicamente.

De todos ellos se han de sacar las conclusiones pertinentes que lleven a mejorar la gestión. La contabilidad en ningún caso debe ser un mal necesario sino el medio que haga que la empresa cada día funcione mejor. Y esto va desde incrementar los beneficios hasta controlar los costes, sin olvidar el equilibrio necesario entre las distintas magnitudes en que se dividen las cuentas.

Extracontablemente debe llevarse un control muy cuidadoso de la tesorería que evitará desagradables sorpresas a la hora de hacer frente a los distintos pagos.

# ÍNDICE ALFABÉTICO

www.ingramcontent.com/pod-product-compliance
Lightning Source LLC
Chambersburg PA
CBHW051217200326
41519CB00025B/7146